主　　编　孙晓勇　国家法官学院院长
　　　　　　　　　最高人民法院司法案例研究院院长
副 主 编　彭永和　最高人民法院司法案例研究院副院长
　　　　　刘　畅　最高人民法院司法案例研究院规划部主任
　　　　　黄　斌　国家法官学院科研部负责人
主编助理　边疆戈　国家法官学院科研部编辑
　　　　　赵文轩　最高人民法院司法案例研究院规划部编辑
　　　　　刘丽媛　最高人民法院司法案例研究院规划部编辑

《中国法院年度案例》编辑人员（按姓氏笔画）
刘　畅　朱建伟　朱　琳　李晓果　杨小利
罗胜华　胡　岩　赵文轩　唐世银　袁登明
曹海荣　梁　欣　程　瑛

本书编审人员　杨小利

中国法院
2021年度案例

国　家　法　官　学　院
最高人民法院司法案例研究院◎编

执行案例

中国法制出版社
CHINA LEGAL PUBLISHING HOUSE

《中国法院年度案例》通讯编辑名单

序

党的十八大以来，以习近平同志为核心的党中央高度重视法治在推进国家治理体系和治理能力现代化中的重要作用，中央全面依法治国工作会议更是明确习近平法治思想在全面依法治国中的指导地位，为全面依法治国提供了根本遵循和行动指南。近年来，人民法院始终将加强司法案例研究作为推进全面依法治国的重要途径，通过发布具有普遍指导意义的典型案例，统一法律适用、提高审判质量，不断推进人民法院严格公正司法。《中国法院年度案例》丛书，旨在完善中国特色案例指导制度，总结提炼典型案例的裁判规则和裁判方法，发挥司法规范、指导、评价、引领的重要作用，大力弘扬社会主义核心价值观，增强全民法治意识和法治素养，展现新时代我国法治建设新成就。

《中国法院年度案例》丛书自2012年编辑出版以来，已连续出版9套，受到读者广泛好评。近年来，为更加全面地反映我国司法审判执行工作的发展进程，顺应审判执行实践需要，响应读者需求，丛书2014年度新增金融纠纷、行政纠纷、刑事案例3个分册，2015年度将刑事案例调整为刑法总则案例、刑法分则案例2个分册，2016年度新增知识产权纠纷分册，2017年度新增执行案例分册，2018年度将刑事案例扩充为4个分册。自2020年起，丛书由国家法官学院与最高人民法院司法案例研究院共同编辑，每年年初定期出版。在全国各级人民法院的大力支持下，丛书编委会现编辑出版《中国法院2021年度案例》系列丛书，共23册。

《中国法院年度案例》丛书以开放务实的态度、简洁明快的风格，在编辑中坚持以下方法，努力把案例书籍变得“好读有用”：一是高度提炼案例内容，控制案例篇幅，每个案例基本在3000字以内；二是突出争议焦点，剔除无效信息，尽可能在有限的篇幅内为读者提供有效、有益的信息；三是注重对裁判文书的再加工，大多数案例由案件的主审法官撰写“法官后语”，高度提炼、总结案例的指导价值，力求引发读者思考，为司法工作提供借鉴，为法学研究提供启迪。

《中国法院年度案例》丛书编辑工作坚持以下原则：一是广泛选编案例。国家法官学院和最高人民法院司法案例研究院每年通过各高级人民法院从全国各地法院汇集上一年度审结的典型案例近万件，使该丛书有广泛的精选基础，优中选优，可提供给读者新近发生的全国各地多种类型的典型性案例。二是方便读者检索。为体现以读者为本，丛书分卷细化，每卷下还将案例主要根据案由分类编排，每个案例用一句话概括裁判规则、裁判思路或焦点问题作为主标题，让读者一目了然，迅速找到目标案例。

中国法制出版社始终全力支持《中国法院年度案例》丛书的出版，给了作者和编辑们巨大的鼓励。2021年，丛书将继续提供数据库增值服务。购买本书，扫描前勒口二维码，即可在本年度免费查阅往年同类案例数据库。我们在此谨表谢忱，并希望通过共同努力，逐步完善，做得更好，真正探索出一条编辑案例书籍、挖掘案例价值的新路，更好地服务社会主义法治国家建设、服务法治社会建设、服务学习研究法律的读者。

《中国法院年度案例》丛书既是法官、检察官、律师等法律工作者的办案参考和司法人员培训的实用教材，也是社会大众学法用法的经典案例读本，同时是教学科研机构案例研究的良好系列素材。当然，案例作者和编辑在编写过程中也难以一步到位实现最初的编写愿望，客观上会存在各种不足甚至错误，欢迎读者批评指正。我们愿听取各方建议，不断扩宽深化司法案例研究领域，实现中国特色案例研究事业的新发展。

国家法官学院

最高人民法院司法案例研究院

2021年2月22日

目　录

Contents

一、对不动产的执行

二、对特殊标的物的执行

三、公证债权文书的执行

四、执行异议与执行异议之诉

五、执行复议

六、查封

七、执行依据

八、执行中的优先受偿

九、执行中的财产保全

十、追加被执行人

十一、执行中的其他问题

一、对不动产的执行

1

对未办理物权登记房屋的执行能否支持

——李某峰诉刘某成等执行异议之诉案

【案件基本信息】

1. 裁判书字号

河北省黄骅市人民法院（2019）冀0983民初5799号民事判决书

2. 案由：执行异议之诉

3. 当事人

原告：李某峰

被告：刘某成

第三人：陈某国、高某英

【基本案情】

2015年1月25日，第三人陈某国与河北其东房地产开发有限公司临港分公司签订商品房买卖合同，购买沧州市渤海新区中捷管理区翰林苑小区×号楼×单元×室的住宅楼一套，价款为196491元。

2018年4月9日，陈某国与刘某成签订房屋买卖合同，约定将陈某国所有的坐落在翰林苑小区×号楼×单元×室的住宅楼出售给刘某成，价款为370000元，于签订之日支付340000元，房屋过户手续办理完毕支付剩余30000元。合同签订后，刘某成于2018年4月9日通过银行转账支付给陈某国340000元，陈某国于当日为刘某成出具证明，并把商品房买卖合同、楼房钥匙等交付于刘某成。之后，刘某成将涉案房屋进行了简单装修并入住。2019年2月20日，刘某成就涉案房屋与沧州临港润捷供排水有限公司签订供用水合同，并缴纳水费。其他物业费是刘某成以陈某国的用户名交付的。刘某成在2019年4月16日向黄骅市人民法院起诉要求陈某国配合过户手续，后得知该房屋已被查封，不得已撤诉。

2016年7月7日，李某峰与陈某国签订借款合同，陈某国向李某峰借款400000元，月利息为3%，借款期限为2016年7月至2017年7月，并约定将涉案房屋进行抵押。因涉案房产未办理房产证而未办理抵押登记。2019年3月14日，原告李某峰向黄骅市人民法院申请诉权保全，请求对陈某国、高某英所有的价值3000000元的财产予以保全，黄骅市人民法院作出（2019）冀0983执保180号之一民事裁定书，裁定查封陈某国名下的位于河北省沧州市渤海新区中捷管理区翰林苑×号楼×单元×室住宅楼一套，查封期间为三年。

2019年7月2日，刘某成对（2019）冀0983执保180号之一民事裁定查封的执行标的提出执行异议，后法院听证审查，作出（2019）冀0983执异45号执行裁定书，裁定中止（2019）冀0983执保180号之一民事裁定的执行。

【案件焦点】

李某峰请求对涉案房屋进行查封的许可是否应得到支持。

【法院裁判要旨】

河北省黄骅市人民法院经审理认为：根据《最高人民法院关于人民法院民事执行中查封、扣押、冻结财产的规定》（以下简称《查封规定》）第十七条的规定，被执行人将其所有的需要办理过户登记的财产出卖给第三人，第三人已经支付全部价款并实际占有，但未办理过户登记手续的，如果第三人对此没有过错，人民法院不得查封、扣押、冻结。本案中，在法院查封之前，被告人刘某成与第三人陈某国签订房屋买卖合同且支付了房屋价款，并提交水费、物业费票据、照片等证据证实被告刘某成已实际占有涉案房屋。对于房屋未办理过户登记的原因，被告刘某成称在购买房屋时，涉案房屋当时不能办理登记手续，当自己得知可以办理房屋登记后又一直联系不到陈某国，后起诉陈某国要求其配合过户手续。被告刘某成未怠于行使自己的权利，因此认定刘某成对未办理过户登记手续不存在过错。综上，人民法院对涉案房屋不得查封、扣押、冻结。根据《最高人民法院关于适用〈中华人民共和国民事诉讼法〉的解释》第三百一十三条的规定，对申请执行人提起的执行异议之诉，人民法院经审理，案外人就执行标的享有足以排除强制执行的民事权益的，判决驳回诉讼请求。本案中，虽然涉案房屋未办理物权登记，但刘某成对涉案房屋已实际占有，依法对该房屋享有足以排除强制执行的民事权益，故应驳回原告的诉讼请求。

河北省黄骅市人民法院依照《最高人民法院关于人民法院民事执行中查封、扣押、冻结财产的规定》第十七条、《最高人民法院关于适用〈中华人民共和国民事诉讼法〉的解释》第三百一十三条的规定，判决如下：

驳回原告李某峰的诉讼请求。

【法官后语】

执行法律关系纷繁复杂，执行中各方合法权益受到侵害的情形在所难免，而执行异议之诉是执行救济的重要途径，既可以保障案外人的实体权利，完善司法救济制度，又可以维护各方主体的合法权益。执行异议之诉的案件类型有：(1) 案外人基于所有权、用益物权、担保物权、合法占有权等提出的执行异议之诉；(2) 申请执行人对执行标的的请求许可执行提出的执行异议之诉；(3) 基于分配方案的异议提出的执行分配方案异议之诉。本案属于第二种类型，是申请人请求对涉案房屋进行查封许可提出的执行异议之诉。申请人要求对被执行人已出售给第三人的未过户房屋进行查封执行，法院能否执行的关键在于第三人是否存在过错。在司法实践中，也有观点认为：若严格按照不动产登记生效原则，涉案房屋未办理登记手续，房屋仍是被执行人的财产，法院的查封是合法的。这是依据《中华人民共和国物权法》(以下简称《物权法》) 第九条的规定，只是没有考虑到该条的但书情形 (《中华人民共和国民法典》第二百零八条、第二百零九条对不动产物权登记失效原则与此规定相同)。在这里想和大家探讨的是对《物权法》第九条的理解与《查封规定》第十七条的适用。

《物权法》第九条规定，不动产物权的设立、变更、转让和消灭，经依法登记，发生效力；未经登记，不发生效力，但法律另有规定的除外。第十五条规定，当事人之间订立有关设立、变更、转让和消灭不动产物权的合同，除法律规定或者合同另有约定外，自合同成立时生效；未办理物权登记的，不影响合同效力。(《中华人民共和国民法典》第二百一十五条对此略有文字修改）根据上述法律规定可以看出，我国法律采用的是形式主义的物权变动模式，明确登记是物权变动的生效要件。所谓物权行为，是指以物权设立、转移、变更、废止为目的的法律行为，其核心内容包括债权合意，即债法上的合同和交付或登记的物权合意。债法合意是原因行为，物权合意是结果行为。物权法把原因行为和结果行为相结合，但二者又相互独立。如果债权合意无效或者被撤销，那么物权合意也会被撤销；相反如果债权合意有效，物权合意因程序等原因被撤销，权利人仍可要求对方当事人继续履行债权合意所设定的义务，履行物权合意。就房屋买卖合同而言，只要买卖双方主体适格、意思表示无瑕疵，该合同就是有效合同，双方均应以合同履行自己的义务，办理房屋过户登记的物权合意会产生物权变动的结果，产生公示公信的效力。在实际生活中，物权登记在很大程度上停留在行政管理层面，不具有强制性。现实中存在大量买房不过户的现象。那么在执行过程中，我们面对这一现象又当如何处理？本案中第三人与被执行人之间的债权合意是有效的，没有物权合意，如果依据法律的规定适用物权登记生效原则，那么对第三人的权益怎样权衡？本案适用的《查封规定》第十七条，是基于不动产登记生效原则从平衡利益的角度作出的变通性规定，其立法宗旨在于维护市场交易的稳定性、安全性，在理论上引入了过错原则，对无过错第三人的债权赋予物权性质予以优先保护，应将其理解为《物权法》第九条规定中的但书的情形，是我国立法者通过法律和司法解释对各方利益的权衡。

编写人：河北省黄骅市人民法院　黄蕊

2

房产买受人怠于行使权利，对未及时办理过户登记存在过错的，不得阻却执行

——吴某华诉厦门农村商业银行城市广场支行等案外人执行异议之诉案

【案件基本信息】

1. 裁判书字号

福建省厦门市中级人民法院（2019）闽02民终1697号民事判决书

2. 案由：案外人执行异议之诉

3. 当事人

原告（上诉人）：吴某华

被告（被上诉人）：厦门农村商业银行城市广场支行、林某岛、洪某叶

【基本案情】

漳州市角美镇崎巷路建坤花园×幢×号楼×室房产登记在林某岛名下。

林某岛作为甲方，吴某华作为乙方，龙海市角美龙池开发区龙辉房产中介所作为丙方，三方签订一份《房产买卖协议》，约定：林某岛将坐落于角美镇崎巷路建坤花园×幢×号楼×室的房产出售给吴某华，购房款为131500元，（含定金10000元）于林某岛办理全权委托公证书给吴某华当日一次性付清；林某岛收到吴某华全部购房款当日将房产交付吴某华使用。朱某明作为龙海市角美龙池开发区龙辉房产中介所的经办人在落款处签名。

2012年11月25日，林某岛出具收条确认收到吴某华定金10000元。

2012年11月29日，林某岛出具收条确认收到吴某华的房款121500元。同日，林某岛、洪某叶在福建省龙海市公证处签署委托书，委托吴某华代为办理讼争房产交易、过户的一切手续等。该公证处于2012年12月4日出具公证书。

吴某华提交物业费收款收据，显示吴某华缴交了2013年1月至3月、2017年4月至2018年3月的公摊，2013年1月至2月的水费，2013年1月至12月、2014年1月至12月、2015年1月至12月、2017年1月至12月、2018年1月至3月的物业管理费，2013年1月至12月、2014年1月至12月、2015年1月至12月的公维金。

厦门鑫飞耀物业管理有限公司龙池分公司出具《物业管理缴交证明》，证明吴某华已经缴清2012年12月至2018年3月31日前的物业管理费及水电公摊。

吴某华申请证人朱某明出庭作证，朱某明陈述吴某华向林某岛购买讼争房产，购房款由吴某华现金支付给林某岛，并由林某岛出具收条。吴某华购买讼争房产后，房产交由朱某明代为出租。

2013年9月10日，一审法院因执行农商行与林某岛、叶某文、吴某娟、洪某叶、陈某福金融借款合同纠纷一案，查封讼争房产。吴某华于2018年1月10日向一审法院提出书面异议，一审法院于2018年1月24日作出（2018）闽0206执异4号执行裁定，裁定驳回吴某华的异议请求。吴某华不服该裁定，于法定期限内向一审法院提起诉讼，请求确认福建省龙海市角美镇崎巷路建坤花园×幢×号梯×室房产为吴某华所有，并判令停止对该房产的执行。

【案件焦点】

1. 涉房产案外人执行异议案件中，案外人因自身原因导致房产未办理过户登记的认定；2. 买受人就办理房产过户手续已取得出售人的委托授权，是否属于买受人自身原因致使房产未办理过户登记。

【法院裁判要旨】

福建省厦门市湖里区人民法院经审理认为：本案系吴某华对登记在被执行人名下的不动产提出异议而引起的案外人执行异议之诉。吴某华与林某岛在中介的居间下签订《房产买卖协议》，该协议不违反法律及行政法规的强制性规定，认定为合法有效。吴某华提交了2013年缴交物业费、公摊的收款收据，物业管理单位也出具证明来证明吴某华已缴纳2018年3月31日前的物业管理费，吴某华申请的证人亦陈述房产完成交易后交由其代为出租，因此，吴某华提交的证据能够形成证据链，证明在2013年9月10日本院查封讼争房产前吴某华已合法占有讼争房产。吴某华提交取款凭证、林某岛出具的收条，收条的金额、日期能够与取款凭证的金额、日期相对应。吴某华申请作为中介经办人的朱某明出庭作证，朱某明亦陈述吴某华系现金支付了全部的购房款，足以认定吴某华已经现金支付全部购房款。本案争议的焦点在于吴某华是否因自身原因未办理过户登记。2012 年 11 月 29 日，吴某华已经可以办理讼争房产的过户登记，讼争房产于 2013 年 9 月 10 日被查封，吴某华于 2018 年 1 月 10 日提出执行异议。吴某华主张因公证书中其系受托人故无法将房产办理过户登记至吴某华名下，但从该公证书的内容可知吴某华取得代为出售房产的权利并未要求房产过户至其名下，且吴某华至今也没有通过其他途径主张过权利，足以为吴某华系自身原因怠于主张权利，造成讼争房产未及时办理过户登记。故吴某华就执行标的不享有足以排除强制执行的民事权益，吴某华诉求确认讼争房产归其所有并停止对讼争房产的执行，没有事实和法律依据，不予支持。

福建省厦门市湖里区人民法院依照《中华人民共和国民事诉讼法》第六十四条第一款、第一百四十四条、第二百二十七条，《最高人民法院关于适用〈中华人民共和国民事诉讼法〉的解释》第三百一十二条第二项，《最高人民法院关于人民法院办理执行异议和复议案件若干问题的规定》第二十八条之规定，作出如下判决：

驳回吴某华的全部诉讼请求。

吴某华不服一审判决，提出上诉。福建省厦门市中级人民法院经审理认为：围绕吴某华的上诉请求，对其作为案涉房产的买受人，是否因其自身原因导致房产未办理过户登记进行分析认定。吴某华于 2012 年 11 月签订案涉《房产买卖协议》，于 2012 年 12 月 4 日办理委托书公证，公证时间至房产被查封有十个月左右，其间吴某华作为受托人完全可以办理讼争房产过户登记，而并非必须有林某岛的配合。且讼争房产于 2013 年被查封，吴某华直至 2018 年才提起执行异议，其对于房产的权属状态主观存在明显懈怠。故吴某华主张非因其自身原因导致讼争房产未办理过户登记，证据不足，不予采纳。

福建省厦门市中级人民法院依据《中华人民共和国民事诉讼法》第一百四十四条、第一百七十条第一款第一项、第一百七十四条的规定，作出如下判决：

驳回上诉，维持原判。

【法官后语】

本案为涉及房产执行的案外人执行异议之诉。根据《最高人民法院关于人民法院办理执行异议和复议案件若干问题的规定》第二十八条规定："金钱债权执行中，买受人对登记在被执行人名下的不动产提出异议，符合下列情形且其权利能够排除执行的，人民法院应予支持：（一）在人民法院查封之前已签订合法有效的书面买卖合同；（二）在人民法院查封之前已合法占有该不动产；（三）已支付全部价款，或者已按照合同约定支付部分价款且将剩余价款按照人民法院的要求交付执行；（四）非因买受人自身原因未办理过户登记。"本案对吴某华已履行全部付款义务并实际占有诉争房屋之事实并无争议，但对其是否因自身原因未办理过户登记争议较大。

不动产买受人与出卖人签订买卖合同后享有的并非物权，而是债权请求权。《最高人民法院关于人民法院办理执行异议和复议案件若干问题的规定》赋予不动产买受人的债权请求权接近于物权的特别优先保护，使其可以排除法院的强制执行。法院在处理此类案件时，应严格审查不动产买受人未办理过户是否存在过错。本案中，吴某华买受房产后，出卖人将办理房产过户登记手续等事宜委托吴某华办理，并就委托书办理了公证，吴某华取得公证书至房产被查封有十个月左右，其间吴某华作为受托人完全可以办理讼争房产过户登记，而并非必须要有林某岛的配合。且讼争房产于2013年被查封，吴某华直至2018年才提起执行异议，其对于房产的权属状态主观存在明显懈怠。吴某华能行使权利但长期不行使，应当认定房产未办理过户，吴某华存在过错。若权利人能行使权利而长期不行使，将使当事人间的法律地位长期处于不确定状态，并导致当事人间社会关系的事实状态和法律状态长期不一致，不利于当事人建立新的、确定化的社会关系，不利于财产的有效利用和正常流转，也不利于维持社会秩序的稳定及社会公共利益。更为重要的是，权利人长期不行使权利，将会呈现一种权利不存在的状态，并使不特定的第三人对这种事实状态基于合理的信赖产生相应的预期，形成对当事人间所呈现的关系的信赖利益。要真正发挥维护社会秩序稳定、尽快实现财产流转的目的，消灭当事人间原有法律关系的作用，使当事人权利真正落实归位，必须鞭策权利人在合理期限内积极行使请求权。否则，法律应使那些躺在权利上睡觉的人不及时行使权利而受到制裁。尽管吴某华支付了全部购房款并占有房产，但其在可以行使权利时怠于行使，应当承担由此造成的后果。

编写人：福建省厦门市湖里区人民法院　刘路英　刘晓洪

3

房屋借名人的民事权益不能排除执行

——王某兰诉游某、聂某案外人执行异议之诉案

【案件基本信息】

1. 裁判书字号

重庆市第三中级人民法院（2019）渝03民终588号民事判决书

2. 案由：案外人执行异议之诉

3. 当事人

原告（上诉人）：王某兰

被告（被上诉人）：游某

第三人：聂某

【基本案情】

2014年6月6日，重庆国兴置业有限公司（甲方，以下简称国兴公司）与聂某（乙方）签订《重庆市商品房买卖合同》，约定乙方以按揭方式购买甲方开发建设的位于重庆市江北区的预售商品房一套（涉案房屋），总价578766元，乙方于当日支付首付款173766元，剩余房款40.5万元由银行按揭支付。2015年4月23日，聂某与重庆银行股份有限公司大礼堂支行（以下简称重庆银行大礼堂支行）以及国兴公司签订《重庆银行个人按揭贷款合同》，借款人和抵押人均为聂某，抵押物即涉案房屋，王某兰作为聂某的委托代理人也在合同上签名。2015年6月30日，重庆银行大礼堂支行向聂某发放合同约定的贷款总金额40.5万元。国兴公司于2016年4月23日出具了付款方为聂某的“销售不动产统一发票（自开）”。

因聂某向游某借款13万元逾期未偿还，游某诉前向重庆市南川区人民法院（以下简称南川区人民法院）申请将涉案房屋财产保全并得到支持。其后，南川区人民法院作出聂某偿还游某借款13万元的判决。判决生效后，游某申请强制执行。

2018年7月5日，王某兰以涉案房屋为其财产为由向法院提出执行异议。南川区人民法院审查后，作出驳回王某兰执行异议的（2018）渝0119执异76号裁定。王某兰不服，遂提起本案诉讼。

【案件焦点】

在借名买房情况下，借名人与出名人之间的借名约定能不能对抗善意的申请执行人。

【法院裁判要旨】

重庆市南川区人民法院审理后认为：现有证据无法确定王某兰与聂某之间达成借名买房协议，形成借名买房行为。即使双方存在借名买房行为，双方的约定也只在其内部产生债权债务关系，而不发生物权变动的效果，不能据此认定借名人是不动产物权的所有权人。王某兰对涉案房屋并不享有足以排除人民法院强制执行的民事权益。

重庆市南川区人民法院根据《最高人民法院关于办理执行异议和复议案件若干问题的规定》第二十五条，《中华人民共和国民事诉讼法》第一百一十九条、第一百四十四条、第二百二十七条和《最高人民法院关于适用〈中华人民共和国民事诉讼法〉的解释》第九十条、第三百一十二条的规定，作出判决如下：驳回王某兰的诉讼请求。

王某兰不服一审判决，提起上诉。重庆市第三中级人民法院经审理认为：根据《中华人民共和国物权法》第九条第一款之规定，不动产物权的设立、变更、转让和消灭，经依法登记，发生效力；未经登记，不发生效力，但法律另有规定的除外。王某兰与聂某之间的借名登记约定不能对抗善意的申请执行人游某。首先，借名人与出名人的借名登记契约，只在其内部产生债权债务关系，不发生物权变动的效果，不能据此认定借名人是不动产物权的所有权人。借名人可请求将房屋过户至自己名下，其享有的是债权请求权，而非物权，不能阻却执行。其次，根据物权公示原则，物权必须采用法定的公示方式才能取得对抗第三人的效果。因此，在借名买房的情况下，借名人与出名人之间的借名登记约定不得对抗善意的申请执行人。最后，借名人对房屋登记在他人名下本身具有过错，而且借名协议是为了规避国家法律和政策，对此产生的风险借名人理应自行承担。故对上诉人要求停止执行的诉讼请求，不予支持。

重庆市第三中级人民法院依照《中华人民共和国民事诉讼法》第一百七十条第一款第一项之规定，作出如下判决：

驳回上诉，维持原判。

【法官后语】

借名买房是借名人与被借名人协商一致，以被借名人名义购买房屋并登记在被借名人名下，且约定房屋归借名人所有的行为。借名买房行为使事实物权与表彰物权发生分离，导致法院执行行为复杂化，在涉及被借名人为被执行人的执行案件中，往往存在借名人与申请执行人权利保护的冲突。这时，应优先保护申请执行人的权利。这是因为：

其一，执行债权具有权利优先性。相对于其他未决债权，执行债权是经过生效法律文书确认的具有强制执行力的债权，是经由司法机关耗费司法资源，经过诉辩对抗而将基础债权通过生效法律文书升格为执行债权，并在执行权力的保障下进行的查封、扣押、冻结行为，由国家强制力作为保障和后盾。这类债权无疑优于其他未经诉讼程序确认的债权，应当在程序上赋予其权利实现上的优先性。实际上，主要大陆法系国家甚至赋予了执行债权在实体法上的优先性，如《德国民事诉讼法》第八百零四条规定，申请执行人因查封行为而取得优先权，即查封质权；而《日本民法典》第一百七十七条则规定物权“无登记就不得对抗第三人”，且未对该“第三人”进行限定，日本学界通说认为未登记的物权取得人就物的支配，显然不能对抗取得了执行标的直接支配关系的执行债权人。

其二，借名人具有可非难性。常见的借名购房目的有规避法律法规、政策，如规避限购、限贷政策，不符合特定房屋购买主体资格而借用符合购买资格主体之人资格等；逃避国家税收，减轻缴税负担；隐藏财产，躲避债务等。一般来说，借名人与被借名人的借名购房行为是以迂回手段达到违反法律法规、政策，逃避债务等目的，具有可非难性。这些借名购房的目的都是规避现有制度而不当追求私利，不利于国家房产政策的贯彻落实，且容易导致房产调控目标的落空，其行为造成房屋产权关系的不确定性，并给予被执行人逃避义务可乘之机，也违反诚实信用原则。若不诚信者反受其利，则是挑战司法公信力。

其三，优先保护第三人利益更符合外观主义原则。外观主义原则的根源是实际权利人本人行为的可非难性。既然真实权利人有过错而导致权属公示错误，则当然要为自身行为承担不利后果。被借名人的债权人若善意信赖物权登记进行司法程序，且执行程序已启动，则善意债权人和司法执行机构的信赖利益并不亚于交易相对人可能付出的代价及受损利益，因此依外观主义原则的内在机理，非交易第三人的信赖利益同样需尊重和保护，外观主义原则理当突破“交易”内涵桎梏而得以更广泛地适用。

编写人：重庆市第三中级人民法院　张景卫

4

夫妻一方基于婚内财产分割协议主张对涉案房产享有实体权利能否排除法院的强制执行

——陈某与佟某案外人异议案

【案件基本信息】

1. 裁判书字号

北京市西城区人民法院（2019）京0102执异360号执行裁定书

2. 事由：案外人异议

3. 当事人

案外人：陈某

申请执行人：佟某

被执行人：胡某

【基本案情】

陈某与胡某于2005年2月6日登记结婚，2014年12月30日，双方以胡某名义与北京信达置业有限公司签订商品房预售合同，购买北京市西城区某房产一处

（以下简称案涉房产），商品房预售合同载明：房屋价格为1999.116万元，房屋交付时间为2017年12月31日前，办理产权证的时间期限为房屋交付之日起730日内。为购买该房，2016年12月，陈某与胡某共同向中信银行总行营业部贷款1399万元，贷款期限自2016年12月8日至2046年12月8日。2018年1月，北京信达置业公司交付房屋，但自房屋交付，北京信达置业有限公司未能如约协助胡某与陈某办理产权过户登记手续。

2016年7月，陈某与胡某开始分居。

2017年9月6日，陈某和胡某签订《夫妻财产约定协议书》并经公证处进行公证，其中约定胡某与北京信达置业有限公司签订的《北京市商品房预售合同》中的案涉房产归陈某所有，属于陈某个人财产。

2018年6月27日，陈某将北京市另处房产进行售出，并将部分售出房款用于提前偿还案涉房屋的部分贷款。自2018年6月起案涉房屋的贷款偿还及房屋使用产生的水电、车位等费用均由陈某负担。自2018年1月起，陈某一直携女儿在涉案房屋居住。

2016年7月，胡某与佟某相识并同居，于2018年1月20日生有一女名佟某2。佟某2出生后一直随胡某与佟某共同生活。2018年11月19日，佟某以胡某为被告诉至法院，后经生效判决，胡某应支付佟某2自2018年11月至2028年10月的抚养费600万元。

2019年，佟某作为佟某2的代理人依据生效判决向北京市西城区人民法院申请强制执行。执行中，北京市西城区人民法院于2019年7月29将案涉房屋进行了预查封。

【案件焦点】

夫妻一方在涉案房产未办理变更登记的情况下，能否基于婚内财产分割协议对涉案房产主张实体权利，进而排除执行。

【法院裁判要旨】

北京市西城区人民法院经审理认为：由于房屋出售方原因，陈某、胡某未能实际办理取得所有权证，但其与开发商签订有合法的商品房预售合同，同时办理了预售登记，履行了付款义务，并实际入住，依据相关法律规定，陈某、胡某作为买受方，二人已经取得对房屋的实体权利。根据相关法律规定，夫妻可以约定婚姻关系存续期间所得财产以及婚前财产归各自所有、共同所有或部分各自所有、部分共同所有，但约定应采取书面形式。涉案房屋系陈某、胡某婚后共同所购，属于夫妻共同财产，二人经过协商，基于各自真实意思表示，并经国家公证机关公证，签订夫妻财产分割协议，对双方所购房产归属作出约定，属于有效的民事法律行为，故应认定陈某与胡某签订的夫妻财产分割协议有效，陈某据此已经取得对涉案房产的实体权利。佟某起诉胡某给付子女抚养一案的立案时间和法院生效判决确认胡某支付抚养费的时间都发生在陈某和胡某订立夫妻财产分割协议的一年以后，由此可以确认陈某和胡某订立夫妻财产分割协议时，佟某对胡某的债权尚未实际发生，故佟某以自己对胡某享有合法债权，陈某和胡某之间签订财产分割协议时已构成对佟某债权的非法侵害，理由不能成立。

依照《中华人民共和国民法通则》第一百三十四条、第一百三十六条，《中华人民共和国婚姻法》第十九条，《中华人民共和国公证法》第二条、第三十六条，《中华人民共和国民事诉讼法》第六十四条第一款、第二百二十七条，《最高人民法院关于人民法院办理执行异议和复议案件若干问题的规定》第二十九条之规定，裁定如下：

中止对案涉房产的执行。

【法官后语】

随着人们婚姻观念的多元化，夫妻二人在夫妻关系存续期间对房产等婚内财产权属进行约定的情况屡见不鲜。在此社会背景下，因婚内财产分割协议而约定房产归一方所有，后因种种原因导致所约定的房产未能办理过户登记，致使第三方债权人与夫妻一方发生执行异议的情况时有发生。对于婚内夫妻财产权属分割协议的效力，尤其是在涉及第三方债权的情况下，夫妻一方能否基于该协议主张实体权利从而排除执行，司法实务及理论界亦存在争议，基本上可归纳为两种观点：一种观点认为，依据《中华人民共和国婚姻法》第十九条之规定，夫妻双方可以对婚前和婚内财产的归属进行协议约定（《中华人民共和国民法典》第一千零六十五条对此有相同规定，但在表述上将“夫妻双方”改为“男女双方”），但该协议仅在夫妻双方之间产生效力，且由于婚内财产分割协议对于第三人而言具有隐蔽性，故在涉及第三方债权与夫妻另一方基于财产分割协议而享有的权益发生冲突时，应优先保护善意第三人。另一种观点认为，依照物权法通说观点，我国不动产的权属认定原则实行登记主义，夫妻财产分割协议虽然对夫妻双方具有法律上的约束力，但仅凭夫妻财产分割协议并不能产生物权变动的效果，只有在涉不动产办理变更登记手续后才能发生物权变动，进而具有公示公信力，产生对抗第三人债权的效果。

婚内财产分割协议能否产生足以排除强制执行的问题，实质上是夫妻一方基于财产分割协议形成的权属变更登记请求权与一般债权之间效力优先的问题。从二者的权利性质上看，变更登记请求权虽然属于债权的范畴，但其与其他一般债权不同的是该债权请求权指向的是特定标的的物权，本质上属于一种物权期待权，具有物权化特征，而其他一般债权所指向的对象则是债务人的一般责任财产，不具有特定性，故其在权利性质上优于其他一般债权。但基于目前我国社会诚信体系尚不完善，在市场交易和社会活动中经常出现不诚信事件，夫妻之间相互串通签署财产分割协议以逃避债务的情况时有发生，在司法实务中，应结合个案具体情况，进行综合判断，依据《最高人民法院关于人民法院民事执行中的查封、扣押、冻结财产的规定》（以下简称《查、扣、冻的规定》）第十七条及《最高人民法院关于人民法院办理执行异议和复议案件若干问题的规定》（以下简称《复议规定》）第二十八条的立法精神，夫妻一方基于财产分割协议在涉案房产未办理过户登记的情况下如要产生对抗第三人债权排除执行的效力，应从以下几个方面进行考量：

1. 婚内财产分割协议合法有效。婚内财产分割协议应是基于夫妻双方在平等自愿的基础上对婚内财产的归属进行约定的一种协议，应满足合同有效的构成要件。

2. 婚内财产分割协议形成的时间应早于第三人债权形成时间。如果财产分割协议的形成时间早于第三人债权形成时间，则可以较为合理地排除夫妻双方合谋逃避债务的情形，此时应保护夫妻另一方对涉案不动产享有的权益。

3. 未办理产权过户是否存在过错。法语有云，法律不保护躺在权利上睡觉的人。如果未办理不动产产权变更登记系不动产存在按揭、抵押或另一方不配合等不可归责于当事人自身过错原因导致，则应保护其正当权益。

4. 夫妻另一方是否已在涉案房产中实际居住。《查、扣、冻的规定》第十七条及《复议规定》第二十八条都强调了“实际占有”在案外人异议成立条件中的重要性，即案外人需对涉案房产处于实际的占有状态，实务中，法院一般会根据物业费、水电费缴纳凭证等相关证据对案外人是否实际占有进行综合判断。

编写人：北京市西城区人民法院　李子耀

5

借名买车时，实际出资人对车辆享有的所有权可以排除强制执行

——明某春诉彭某利、杨某案外人执行异议之诉案

【案件基本信息】

1. 裁判书字号

北京市顺义区人民法院（2019）京0113民初28536号民事判决书

2. 案由：案外人执行异议之诉

3. 当事人

原告：明某春

被告：彭某利

第三人：杨某

【基本案情】

彭某利与杨某民间借贷纠纷一案，双方当事人自愿达成如下调解协议："杨某于二〇一八年六月一日之前支付彭某利两万元，于二〇一八年十月一日之前支付彭某利五万元，于二〇一九年十二月三十日之前支付彭某利二十万元等。"杨某未主动履行生效法律文书确定的义务，执行过程中，北京市顺义区人民法院依法查封登记在杨某名下机动车一辆。后明某春以其为该车辆的实际所有人为由要求中止对车辆的执行并解除查封。本院作出执行裁定，驳回案明某春的异议请求。明某春不服上述裁定，向本院提起诉讼，故形成本案。

涉案车辆登记的所有权人为杨某。2018 年 6 月 26 日，杨某获得北京市小客车配置指标。2018 年 10 月 9 日，明某春租用杨某的北京市小客车配置指标，为所购丰田埃尔法小型普通客车办理了机动车注册。该机动车所需保险等费用系由明某春缴纳，并由明某春实际占有使用。

在本案审理过程中，明某春陈述：明某春是天津户籍，没有获得北京市小客车号牌的资格；明某春通过中介联系到杨某，租用了杨某的车辆牌照；涉案车辆购买后一直由明某春使用，税款、保险费等相关费用亦由明某春支付；涉案车辆先后被北京市密云区人民法院、北京市顺义区人民法院、北京市东城区人民法院查封，明某春向上述三家法院均已提出执行异议；北京市密云区人民法院裁定支持了明某春的执行异议，各方均未提出起诉，该裁定已经生效；北京市顺义区人民法院裁定驳回了明某春的执行异议，故形成本案；北京市东城区人民法院尚未就执行异议作出审查意见。

杨某认可明某春的陈述意见，并认可明某春向其租用车辆号牌指标，涉案车辆由明某春出资购买，一直由明某春使用，杨某没有为涉案车辆交纳过任何费用。

【案件焦点】

在车辆限购政策下，借名买车时，实际出资人对所购车辆享有的权利是否可以排除强制执行。

【法院裁判要旨】

北京市顺义区人民法院经审理认为：本案的争议焦点为明某春是否就涉案车辆享有民事权益，以及该民事权益是否足以排除强制执行。明某春作为提起执行异议之诉的案外人，应当就其对执行标的享有足以排除强制执行的民事权益承担举证证明责任。

首先，关于明某春是否就涉案车辆享有民事权益问题。明某春提供的证据已经能够证明其为涉案车辆的实际购买人及实际的占有使用人，而彭某利未能提供足以反驳的相反证据。因此，明某春对于涉案车辆享有民事权益，且该权益为所有权。

对于涉案车辆的登记问题。公安机关办理的机动车登记，是准予或者不准予该车辆上道路行驶的登记，并不是机动车所有权登记。因此，公安机关的登记信息，不宜作为判断机动车所有权的依据，故不能仅依据车辆登记认定涉案车辆所有权人为杨某。

其次，关于明某春享有的民事权益是否足以排除强制执行的问题。本案中，明某春对于涉案车辆享有的权利为物权中的所有权。所有权属于对世权，是权利人依法对特定的物全面支配和排他的权利。而彭某利系因对杨某的债权提起诉讼并申请执行，其对于涉案车辆本身并未享有任何意义上的物权或者物权期待权。故明某春对于涉案车辆的所有权，足以排除彭某利因债权申请的强制执行。

本案中，虽然涉案车辆的实际权利人为明某春，但其并未提交其取得北京市小客车指标的证明文件，故其并不具备在京购车资格。因此，本院虽支持明某春就涉案车辆排除强制执行的诉求，但并非确认明某春享有车牌号的相关权益。北京市顺义区人民法院依照《最高人民法院关于适用〈中华人民共和国民事诉讼法〉的解释》第三百一十一条、第三百一十二条的规定，作出如下判决：

不得执行车架号为×××、发动机号为×××的小型普通客车。

【法官后语】

近年来，在限购政策下，由于购车指标有限，出现了大量"借名登记""车户分离"等车辆的形式物权和实质物权相分离的现象，引发诸多有关车辆所有权的纠纷。

本案的争议焦点在于在借名买车的情形下，实际出资人能否以其为车辆实际所有权人为由排除强制执行。该问题产生的根源在于确定实际出资人是否享有所购车辆的所有权。

从行政法角度看，购车指标是一种行政许可，是行政相对人购买车辆的必备法律资格。对于实际出资人不具有购车指标时，其对所购车辆享有权利类型以及该权利能否排除强制执行，存在两种观点。认为实际出资人享有所有权，并可以排除强制执行的理由包括：

根据法律相关规定，机动车的物权变动采登记对抗而非登记生效主义，注册登记的目的仅仅是对抗善意第三人，并不能表明车辆所有权的归属。因此，所有权仍然归实际出资人。

《公安部关于确定机动车所有权人问题的复函》对该问题予以明确：机动车登记是准予或者不准予上道路行驶的登记，并非机动车所有权凭证。该复函明确公安机关办理的机动车登记，是准予或者不准予上道路行驶的登记，与机动车所有权无关。因此，公安机关的登记信息，不宜作为判断机动车所有权的唯一依据。

作为执行案件中的申请执行人，并非从被执行人处取得涉案车辆所有权或其他物权的善意第三人，善意取得制度对其并不适用。

而持相反观点的理由包括：公安机关对于机动车所有权的登记对外具有公示公信效力。被借名人与实际出资之间的合同约定只能约束相对双方，不能对抗第三人。

《最高人民法院关于人民法院办理执行异议和复议案件若干问题的规定》第二十五条规定“对案外人的异议，人民法院应当按照下列标准判断其是否系权利人：……（二）已登记的机动车、船舶、航空器等特定动产，按照相关管理部门的登记判断；未登记的特定动产和其他动产，按照实际占有情况判断”。根据上述规定，机动车登记在被借名人名下，因此被借名人属于车辆的权利人，可以强制执行。

实际出资及使用人明知自己目前不符合购车资格，即使购买车辆也不能办理车辆登记手续，仍签订借名买车协议，以此方式规避《机动车登记规定》，明显违反了机动车登记的规定，构成对机动车登记管理公共利益的损害，其行为不应受到法律保护。

本案同意第一种观点，对于机动车等特殊动产而言，物权的设立和变动采用交付生效主义，登记只是对抗善意第三人的要件，不是物权设立和变动的生效要件。具体理由同判案理由，在此不再赘述。

同时，应当注意的是，审判实践中认定“实际出资人”身份时，应严格审查涉案机动车的购置合同、发票、付款流水、机动车保险办理情况、机动车年检情况、机动车占有情况等证据，以防止机动车名义登记人以此方式逃避强制执行。

编写人：北京市顺义区人民法院　牛佳雯　王耀飞

6

物权期待权在执行异议中成立的具体条件

——崔某珍诉史某宁、刘某鹏案外人执行异议之诉案

【案件基本信息】

1. 裁判书字号

北京市第三中级人民法院（2019）京03民终16562号民事判决书

2. 案由：案外人执行异议之诉

3. 当事人

原告（执行案件案外人）：崔某珍

被告（被执行人）：史某宁、刘某鹏（申请执行人）

【基本案情】

北京市朝阳区吕营嘉园×号楼×单元×号房屋（以下简称×号房屋）登记于史某宁名下。2014年10月17日，史某宁向尹某齐出具委托书，委托其办理×号房屋出售事宜。2014年12月5日，崔某珍与尹某齐签订房屋买卖合同，约定：房屋成交价为142.5万元，房屋设有抵押，出卖人应于2014年12月30日前办理抵押注销手续。买受人先行支付定金25万元，后续支付65万元购房款，剩余尾款52.5万元于办理产权过户当日（2015年1月10日前）一次性付清。在崔某珍如期支付定金25万元及后续65万元购房款后，双方于2015年1月7日办理了网签手续。2015年年初，崔某珍就×号房屋进行了物业交割并入住该房屋，但直至3月其发现史某宁通过公证撤销了尹某齐的售房委托，导致抵押贷款无法清偿，亦无法办理过户手续。崔某珍便开始替史某宁部分分期偿还房屋贷款（共计代偿16万余元），并将购房尾款52.5万元一次性存入自己名下的中国银行账户予以保存，后于2015年3月13日在北京市朝阳区人民法院起诉史某宁、尹某齐，要求继续履行房屋买卖合同。该案截至本书交稿时因撤诉再次立案（原因后述），仍在审理过程中。

2014 年，刘某鹏以民间借贷纠纷为由向北京市朝阳区人民法院（以下简称朝阳区人民法院）起诉史某宁。朝阳区人民法院于 2015 年 1 月 27 日依刘某鹏的诉讼保全申请查封了×号房屋，并于 2015 年 4 月 17 日判决史某宁偿还刘某鹏借款本金 55 万元及借款利息。2015 年 7 月 16 日，该案进入执行程序，并对×号房屋启动司法拍卖程序。

2015 年 11 月 5 日，×号房屋的抵押权人中国银行王府井支行因史某宁并未按期偿还抵押贷款，向北京市东城区人民法院提起诉讼。北京市东城区人民法院判决史某宁偿还中国银行王府井支行借款本金 60 余万元及利息，并享有×号房屋折价或拍卖、变卖价款的优先受偿权。

崔某珍在看到×号房屋的拍卖公告后，于 2015 年 11 月 11 日向北京市朝阳区人民法院提起执行异议。因并未缴纳全部房款且抵押登记并未解除，朝阳区人民法院认为案外人并未尽到注意义务，驳回了其执行异议。因在提起执行异议之前，崔某珍已向法院提起房屋买卖合同的诉讼，其不知晓被查封的房产必须通过执行异议之诉程序予以救济，故并未在法定期限内提起执行异议之诉，导致丧失了诉权。崔某珍在知晓正确的程序后，向北京市高级人民法院提起执行监督。考虑崔某珍确实因为不知晓诉讼程序而丧失实体诉权，北京市高级人民法院将该执行异议发回重审，以保证崔某珍享有执行异议之诉的实体诉权。朝阳区人民法院的执行异议裁定及一审案外人执行异议之诉仍以崔某珍尚未支付全部房款及不能证明在保全查封之前实际占有×号房屋为由，驳回了崔某珍的异议请求及诉讼请求。

崔某珍不服一审判决，向北京市第三中级人民法院提起上诉，要求：（1）停止对×号房屋的执行；（2）确认×号房屋归崔某珍所有；（3）要求史某宁继续履行房屋买卖合同，并协助办理过户。

【案件焦点】

1. 物权期待权执行异议之诉的法律适用；2. 案外人占有不动产的时间认定；3. 支付剩余价款的相关问题；4. 是否因抵押尚未解除而确定案外人未尽注意义务；5. 执行异议之诉与房屋买卖合同纠纷诉讼的竞合问题。

【法院裁判要旨】

北京市第三中级人民法院经审理认为：（1）《最高人民法院关于人民法院办理执行异议和复议案件若干问题的规定》（以下简称《执行异议和复议规定》）适用

于执行异议和复议程序，但第二十八条确属实质审查条款，可以作为执行异议之诉审理的参照。（2）崔某珍所提供的占有证据为2015年1月19日的物业交接清单，中介工作人员的证词，2月5日、6日购买家电的票据及2月7日缴纳水费、物业费等票据。故崔某珍在1月19日（法院1月27日查封前）占有×号房屋的事实具有高度可能性。（3）因史某宁撤销代理人的售房委托，导致崔某珍没有支付房屋尾款的对象。而因不了解法律规定，崔某珍不知应将房屋尾款交付法院，经北京市第三中级人民法院释明后，崔某珍在上诉期间将准备好的房屋尾款52.5万元交至一审法院执行账户。（4）在交易价格相对较高的北京市二手房交易市场中，交易房屋存在按揭抵押系常态，不能因出卖人未按合同约定解除抵押而将未办理过户登记归责于买受人崔某珍。且崔某珍在发现合同履行出现障碍后，曾按月支付部分按揭试图解除抵押，并提起了房屋买卖合同纠纷诉讼，因此其一直积极主张权利，对房屋未能办理过户并无过错。（5）综上所述，崔某珍符合《执行异议与复议规定》第二十八条规定的条件，故对其停止对×号房屋强制执行的诉讼请求予以支持。虽然案外人在执行异议之诉中同时起诉被执行人继续履行合同、交付标的物等具有债权给付内容的诉讼请求人民法院应予审理，但根据《最高人民法院关于适用〈中华人民共和国民事诉讼法〉的解释》第二百四十七条的规定，崔某珍起诉史某宁、尹某齐房屋买卖合同纠纷一案立案在先，因此崔某珍要求史某宁继续履行房屋买卖合同，并协助办理过户的诉讼请求构成重复起诉，予以驳回。

最终，北京市第三中级人民法院判决如下：

一、不得执行北京市朝阳区吕营嘉园×号楼×单元×号房屋。

二、驳回崔某珍的其他诉讼请求。

【法官后语】

本案作为案外人执行异议之诉案件，具有典型性及戏剧性。同时，本案也体现了现行法律在司法实务中的不足与缺失。下面笔者就本案的争议焦点进行逐一探讨。

1. 物权期待权的法律规定目前仅为《执行异议和复议规定》第二十八条。这就使得审理该类案件的民事审判法官没有合适的法律适用，甚至绝大多数民事审判法官对该规定的理解还不及执行裁决庭的执行法官，不可否认这是一个较大的问题。

2. 本案中案外人占有房屋的时间与保全查封的时间过于接近，根据《执行异议和复议规定》第二十八条第二项之规定，无过错买受人需在人民法院查封之前已合法占有该不动产。但本案中买受人在不动产进行网签登记时确无司法查封，其在做物业交割时很难能预想到自己买受的房屋会被查封，故北京市第三中级人民法院对买受人入住时间进行保护性认定，笔者认为是较为合理的。

3. 因为买受人并不知晓法律规定，故在上诉之前一直未将剩余价款交至法院，导致持续败诉，直至上诉期间经释明才将尾款交至执行法院指定账户。笔者认为，《执行异议和复议规定》第二十八条第三项作为物权期待权成立的必要条件，在买受人明确有意向交付尾款的情况下（本案中崔某珍将该笔尾款一直保留在自己的中行账户内，从未支取），人民法院有义务对买受人就该条款进行释明，不能因买受人不知晓缴纳尾款的方式导致其无法实现物权期待权。

4. 虽然《执行异议和复议规定》第二十八条基本能解决司法实务中的大部分问题，但在本案中暴露出涉及抵押权人利益时该条款无法进行各方利益的保护。本案中，买受人完全符合《执行异议和复议规定》第二十八条的四项条件，然而其缴纳的尾款已不足以清偿抵押权人的债权，这就导致即使法院停止对涉案标的物的执行，买受人在代位清偿抵押贷款前仍无法办理过户手续，无法达到其诉讼目的。故在不动产买卖过程中，应有更为严格的操作规定，保证购房款必须优先清偿抵押债权，防止出卖人挪用购房款致抵押登记无法解除的情况发生。

5. 因买受人先行提起了房屋买卖合同纠纷，在得知购买房产已被查封后又提起了执行异议及执行异议之诉，北京市第三中级人民法院以构成重复起诉为由驳回其要求史某宁继续履行房屋买卖合同，并协助办理过户的诉讼请求；同时，因涉案标的物被法院查封，房屋买卖合同纠纷案件中止审理长达5年，直至执行异议之诉程序结束后才刚刚恢复审理。这就导致执行异议之诉程序结束后并未起到案结事了的作用，买受人交付的房屋尾款无法确定性质，无法确定抵押权人对该笔案款是否享有优先受偿权，更无法进行案款分配及发还程序，给执行实施案件留下大量问题。目前，针对案外人能否或是否需要单独提起继续履行房屋买卖合同纠纷之诉，还是可在或必须在执行异议之诉程序中一并审理，还没有统一的法律规定，各地方法院的规定均不尽相同。笔者认为，为保证执行效率，减少案件数量，《最高人民法院关于审理执行异议之诉案件适用法律问题的解释（一）》（征求意见稿）第六条之规定具有较高的实务价值，在执行异议中一并审理继续履行房屋买卖合同，同时排除案外人单独提出继续履行房屋买卖合同纠纷之诉，才能真正在执行异议之诉中做到定分止争，切实提高执行效率，保障各方当事人的合法权益。

编写人：北京市朝阳区人民法院　范骏　吴琼

7

“以租抵债”能否阻却法院执行的认定

——乐视网公司与浙江中泰公司等执行异议案

【案件基本信息】

1. 裁判书字号

北京市第三中级人民法院（2019）京03执异383号执行裁定书

2. 事由：案外人异议

3. 当事人

申请执行人：浙江中泰公司

被执行人：东方车云公司、乐视控股公司、贾某亭、甘某、宏城鑫泰公司、吴某

案外人：乐视网公司

【基本案情】

北京市方正公证处作出的（2016）京方正内经证字第19750号、第19751号、第19752号、第19753号、第19754号、第19755号公证书以及（2017）京方正执行证字第00843号执行证书发生法律效力后，浙江中泰公司向北京市高级人民法院申请对东方车云公司、乐视控股公司、贾某亭、甘某、宏城鑫泰公司、吴某进行强制执行，北京市高级人民法院指令北京市第三中级人民法院执行，北京市第三中级人民法院于2017年8月8日立案受理，执行案号为（2017）京03执646号。在执

行过程中，北京市第三中级人民法院于 2017 年 8 月 9 日查封宏城鑫泰公司名下的不动产，其中包含本案所涉的乐融大厦。为有序、高效地处置被执行人的财产，北京市第三中级人民法院对案外人乐视网公司下达了令其从乐融大厦清退的指令。对此，乐视网公司提出异议，称其与宏城鑫泰公司之间就乐融大厦签有租赁协议，协议已生效且尚未到期，双方一直在依约履行过程中，因而双方之间的租赁关系合法有效，应受到法律保护，故依据《中华人民共和国民事诉讼法》第二百二十七条提出异议，请求北京市第三中级人民法院中止从乐融大厦清退乐视网公司的行为。在异议案件审查过程中，根据在案证据材料，北京市第三中级人民法院查明，乐视网公司与宏城鑫泰公司就乐融大厦的使用权先后签订了《宏城鑫泰办公楼租赁合同补充协议》及两份补充协议。双方于 2017 年 7 月签订的《宏城鑫泰办公楼租赁合同补充协议》中的第九条约定，乐视网公司对宏城鑫泰公司所享有的 366436090. 30 元应收款债权与乐视网对宏城鑫泰公司因原协议所产生或预计产生的应缴纳的租金在 366436090. 30 元额度内抵销。双方于 2017 年 12 月 31 日签订的《宏城鑫泰办公楼租赁合同补充协议（二）》第二条约定，乐视网公司对宏城鑫泰公司所享有的 187044174. 24 元应收款债权与乐视网公司对宏城鑫泰公司因原协议及补充协议所预计产生的应缴纳的租金在 187044174. 24 元额度内抵销。

【案件焦点】

案外人乐视网公司与宏城鑫泰公司签订的房屋租赁合同及补充协议是否具有阻却北京市第三中级人民法院从乐融大厦清退案外人的效力。

【法院裁判要旨】

北京市第三中级人民法院经审理认为：执行过程中，案外人对执行标的提出书面异议的，人民法院应当自收到书面异议之日起十五天内审查，理由成立的，裁定中止对该标的执行；理由不成立的，裁定驳回。本案争议焦点为：案外人乐视网公司与宏城鑫泰公司签订的房屋租赁合同及补充协议是否具有阻却北京市第三中级人民法院从乐融大厦清退案外人的效力。

首先，房屋租赁合同是指房屋出租人将房屋提供承租人使用，承租人定期支付租金，并于合同终止时将房屋归还给出租人的协议。故承租人缔约的目的是取得房屋的使用权，出租人则为收取租金。本案中，从案外人乐视网公司与宏城鑫泰公司签订的房屋租赁合同及补充协议性质看，双方虽然以房屋租赁合同名义签订合同，但是合同约定内容及条款显示，该协议名为租赁合同，实际上是双方基于债权债务关系产生的抵偿欠款约定，其实质是以房屋租金抵偿欠款。因此，对于该合同的性质，不能认定为房屋租赁合同。

其次，案外人乐视网公司依据租赁合同及协议要求中止北京市第三中级人民法院从乐融大厦清退案外人的主张，鉴于其依据的上述合同并不能认定为房屋租赁合同，故其主张并无法律依据，对其异议请求北京市第三中级人民法院不予支持。

据此，依照《中华人民共和国民事诉讼法》第二百二十七条、《最高人民法院关于人民法院办理执行异议和复议案件若干问题的规定》第十七条第一项之规定，裁定如下：

驳回异议人乐视网公司的异议请求。

【法官后语】

一、"买卖不破租赁"原则在执行程序中的体现

租赁权的"买卖不破租赁"的规定使其具有一定的"相对支配性"，产生了物权色彩，无论是大陆法系国家还是英美法系国家都将"买卖不破租赁"作为民事立法领域的原则之一予以坚守，我国立法也不例外。① 《中华人民共和国民法典》就"买卖不破租赁"作出了规定，在执行阶段，"买卖不破租赁"制度亦有规定，《最高人民法院关于人民法院民事执行中拍卖、变卖财产的规定》第二十八条第二款规定："拍卖财产上原有的租赁权及其他用益物权，不因拍卖而消灭，但该权利继续存在于拍卖财产上，对在先的担保物权或者其他优先受偿权的实现有影响的，人民法院应当依法将其除去后进行拍卖。"在此基础上，《最高人民法院关于人民法院办理执行异议和复议案件若干问题的规定》（以下简称《异议和复议规定》）第三十一条第一款做了进一步的细化："承租人请求在租赁期内阻止向受让人移交占有被执行的不动产，在人民法院查封之前已签订合法有效的书面租赁合同并占有使用该不动产的，人民法院应予支持。"

---

① 胡剑锋、赵俊山：《虚假租赁规避执行及其法律应对》，载《强制执行的理论与制度创新》第432页。

二、“以租抵债”合同中的案外人能否以其“承租权”阻却法院执行

执行实践中，时有案外人提出，其已通过将被执行人所欠的债款抵作租金的形式对法院执行的不动产进行租赁，要求以此“租赁权”排除法院的执行行为，本案所审理的即此类问题。

在《异议和复议规定》第三十一条第一款中，将案外人的租赁权排除执行行为的条件规定为“在人民法院查封之前已签订合法有效的书面租赁合同并占有使用该不动产”，其中包含的条件有：第一，案外人与被执行人应在法院查封前签订租赁合同；第二，租赁合同应以书面形式体现；第三，租赁合同应合法有效；第四，应在法院查封前对案涉不动产占有并使用。通过上述条件可见，签订租赁合同，是当事人享受租赁权从而阻却法院执行的前提条件。

我国《合同法》第二百一十二条规定：“租赁合同是出租人将租赁物交付承租人使用、收益，承租人支付租金的合同。”（《中华人民共和国民法典》第七百零三条同此规定）租金是指承租人因对出租人提供的租赁物进行使用、收益而支付的对价。[①] 由此可见，在租赁合同中，出租人进行出租的目的是获取租金，从而使自己的财产获得增加，承租人的目的是对相应财产进行使用、收益，而在“以租抵债”合同中，债务人将自己所有的不动产提供给案外人的目的是进行债务清偿，减少自己的负债，案外人的目的除使用不动产外，更为主要的是保证债权的实现。“以租抵债”合同的签订，实质上是对原债权债务关系中的债务偿还方式进行改变，只是这种改变较为复杂，是以租赁合同的形式进行的，但其实质仍为债务人以其房屋使用权抵偿欠款的合同。故本案合议庭在合议之后，认为“以租抵债”的“租赁合同”不应视为租赁合同，不能对抗法院的强制执行行为，并最终以此作出了驳回案外人异议的裁决结果。

有学者及法律工作人员认为，虽然“以物抵债”合同并非传统意义上的租赁合同，但是双方当事人亦形成了租赁关系，在此情况下，应当保护案外人的“承租权”，允许其以此阻却法院执行。笔者认为这种观点并不妥当。

首先，如上文所述，“以租抵债”合同虽在形式上与租赁合同相似，看上去案外人与被执行人似乎形成了租赁关系，但其实质是债务人以其房屋使用权抵偿欠款

① 王利明：《合同法分则研究（上卷）》，中国人民大学出版社2012年版，第323页。

的合同之债，在此种情况下，即便根据《合同法》第一百二十四条的规定，因其与租赁合同形似而神不似，亦不应将其参照租赁合同的相关规定，将案外人视作不动产的承租人，从而给予其以租赁权阻却法院执行的权利。

其次，如果案外人享有承租人的地位，进而可以租赁权阻却法院执行，则将损害其他债权人的利益。“买卖不破租赁”原则的目的是保护承租人的租赁权，而在“以租抵债”的法律关系中，案外人所欲达成的不仅是使用案涉不动产，其亦带有处分被执行人不动产租金以抵偿自己债权的目的，案外人的身份应视作债权人，故在执行过程中，如果被执行人存在其他债权人，如果认可“以租抵债”合同属于租赁合同，案外人与被执行人之间形成了租赁关系，则相当于被执行人在未经其他债权人同意的情况下，擅自以自己的某一财产向某一债权人偿还特定债务，这将会影响其他债权人债权的实现，违反公平这一法律基本原则。

最后，由于租赁合同没有登记制度，执行程序中如何识别租赁权的真实性存在难题，尤其是容易产生被执行人与案外人通过倒签时间伪造租赁合同以干扰执行的问题。[①] 在司法实践中，租金是否如实缴纳是判断租赁关系是否真实的重要参考。然而，从“以租抵债”合同的内容上看，在履行该类合同时，案外人并不需要向被执行人支付租金，或者以其他方式为被执行人增加财产或提供服务，而是以抵偿债务的方式来履行合同，在这种情况下，案外人与被执行人通过倒签等方式串通伪造合同的便利性大大增加，如果允许案外人可以其“承租权”阻却法院的强制执行，则其他债权人的债权得以实现的风险将过分增大。

综上，笔者认为，无论是从法理上还是司法实践上，案外人都不应凭借“以租抵债”合同而主张其“承租权”，阻却法院的执行行为。

三、对于“以租抵债”合同的一些立法建议

对于“以租抵债”能否排除法院执行，各地法院均进行了探索。比如，北京法院系统在《北京市法院执行局局长座谈会（第九次会议）纪要》第二十条第三款中规定，名为租赁实为抵债或担保的，对名义承租人提出的排除移交占有的请求，人民法院不予支持。浙江省法院系统在《浙江省高级人民法院关于执行非住宅房屋

---

① 最高人民法院执行局：《最高人民法院关于人民法院办理执行异议和复议案件若干问题的规定理解与适用》，人民法院出版社2015年版，第444页。

时案外人主张租赁权的若干问题解答》中规定："执行机构审查租赁合同的真实性，如何把握标准？答：执行机构一般作形式审查，经审理发现当事人自认或者有其他明确的证据证明租赁合同为虚假，或者名为租赁实为借贷担保、房屋使用权抵债等关系的，对租赁合同的真实性不予认可。"这些地区的法院对于这一问题进行了积极的探讨，并得出了明确的结论。然而，目前我国法律层面并未对此进行规定，这使法官在办理相关案件时，难以准确适用相应法律，故笔者呼吁在将来的立法与司法解释活动中，相关部门可以对这一问题进行进一步的规范，以保护各方主体的利益。

此外，"以物抵债"合同虽然不能作为租赁合同看待，但其并非无效，对于合同的各方当事人亦具有效力，并且这类合同对于实现债权人债权，缓解债务人债务压力，促进社会资源的高效利用都具有一定的积极意义。故国家与社会应当对于这类合同予以一定的重视，进一步完善对于该类合同的性质、内容、履行等方面的立法工作，从而使该类合同更好地发挥其作用，为我国法律事业的进步、市场经济的发展提供助力。

编写人：北京市第三中级人民法院　宫森　刘哲尔

8

未实际占有涉案房屋的以房抵债不能产生排除强制执行的物权期待权

——曹某醒诉陈某梅等民间借贷纠纷案外人执行异议之诉案

【案件基本信息】

1. 裁判书字号

广东省广州市中级人民法院（2019）粤01民终6574号民事判决书

2. 案由：案外人执行异议之诉

3. 当事人

原告（上诉人）：曹某醒

被告（上诉人）：陈某梅、陈某东

被告：廖某太

第三人：傅某和

【基本案情】

陈某东、陈某梅与廖某太民间借贷一案，广州市越秀区人民法院（以下简称越秀区人民法院）于2015年3月31日诉保查封了廖某太名下的三套房屋（以下简称涉案房屋），后于2016年2月1日以（2016）粤0104执1140号案立案执行。在执行期间，案外人曹某醒以其已于2015年2月4日与廖某太就涉案房屋签订买卖合同并办理了网签手续，且有广州仲裁委员会于2015年8月4日作出的生效的（2015）穗仲案字第2357号民事裁决书，裁决将涉案房屋过户到其名下为由提出书面异议，案外人曹某醒为证明其主张向越秀区人民法院提交了数张银行转账回单及数份载明上述转账为受曹某醒委托的向廖某太出借的借款的《证明》、关于涉案房屋的《广州市存量房买卖合同》、廖某太保证于2015年3月20日前办理涉案房屋产权过户的《补充合同》、裁决廖某太在涉案房屋涂销抵押和解除查封后十天将房屋过户给其的（2015）穗仲案字第2357号裁决书、其于2014年12月30日对涉案房屋进行出租的《商铺租赁合同》。申请执行人陈某东、陈某梅辩称案外人于2015年2月14日才与廖某太签订买卖合同，却于2014年12月占有涉案房屋并进行出租不符合常理，且双方合同约定于2015年3月20日前办理过户手续，案外人对未能按约定在法院查封前办理过户手续负有责任，不能排除法院的强制执行。

越秀区人民法院经审理查明：曹某醒与廖某太签订的关于涉案房屋的买卖合同是基于其与廖某太之间的借贷关系，并非真实的房屋买卖关系，不能适用《最高人民法院关于人民法院办理执行异议和复议案件若干问题的规定》第二十八条的规定进行审查。故于2018年4月27日作出（2018）粤0104执异72号执行裁定，裁定驳回曹某醒对涉案房屋所提的异议请求。

曹某醒不服上述裁定，提起案外人异议之诉。越秀区人民法院认为，鉴于有生效裁决书确认曹某醒已付清购房款，且曹某醒能证明其在查封前占有涉案房屋，故于2018年9月13日作出（2018）粤0104民初19561号民事判决，判决如下：

一、撤销（2018）月0104执异72号执行裁定；

二、停止对涉案房屋的执行；

三、解除对涉案房屋的查封；

四、确认涉案房屋所有权归曹某醒所有；

五、驳回曹某醒的其他诉讼请求。

陈某梅、陈某东不服上述判决提起上诉。广东省广州市中级人民法院审查认为，曹某醒未能充分证明其在法院查封前占有涉案房屋，亦未能充分证明对涉案房屋不能办理过户手续具有不可归责自身的原因，另曹某醒明知涉案房屋被法院查封未及时向执行法院主张权利，而是向广州仲裁委员会申请裁决，且该裁决书有关过户事项能否予以执行仍需以涉案房屋的查封的解除为前提，曹某醒对涉案房屋并不享有足以排除法院强制执行的合法权益，故于2019年8月27日作出（2019）粤01民终6574号民事判决，判决如下：

一、撤销越秀区人民法院（2018）粤0104民初19561号民事判决；

二、驳回曹某醒的全部诉求。

【案件焦点】

案外人曹某醒对涉案房屋是否享有足以排除法院强制执行的合法权益。

【法院裁判要旨】

广州市越秀区人民法院经审理认为：广州仲裁委员会作出的、已经发生法律效力的裁决书已确认曹某醒与廖某太于本院查封涉讼房屋之前签订的三份《广州市存量房买卖合同》及一份《补充合同》为合法有效，同时确认曹某醒已向廖某太支付了全部的购房款。至今未能办理过户登记手续是因廖某太的其他债务纠纷被本院查封，非因曹某醒自身原因。而且，曹某醒亦已提供了相关的商铺租赁合同证明其已实际占有涉讼房屋，符合《最高人民法院关于人民法院办理执行异议和复议案件若干问题的规定》第二十八条的规定。故曹某醒对涉讼房屋的权利能够排除执行，曹某醒确认涉讼房屋归其所有及要求停止对涉讼房屋的执行并解除查封的诉讼请求合法。

综上，越秀区人民法院判决如下：

一、撤销本院（2018）粤0104执异72号执行裁定书；

二、停止对广州市越秀区海珠中路×A首层、广州市越秀区海珠中路×B号×楼、广州市越秀区海珠中路×号×房的执行；

三、解除对广州市越秀区海珠中路×A首层、广州市越秀区海珠中路×B号×楼、广州市越秀区海珠中路×号×房所有权的查封；

四、确认广州市越秀区海珠中路×A首层、广州市越秀区海珠中路×B号×楼、广州市越秀区海珠中路×号×房所有权归原告曹某醒所有；

五、驳回原告曹某醒的其他诉讼请求。

广东省广州市中级人民法院经审理认为：曹某醒以其已向廖某太购买涉案房屋并付清房款且实际占有为由，诉请排除原审法院对涉案房屋的强制执行，但其一，曹某醒在本案中所提交的证据并不足以充分证明其在原审法院查封涉案房屋之前已实际占有涉案房屋；其二，依据曹某醒所提交的证据，其已于2015年2月15日向廖某太付清全部房款，且与廖某太约定在2015年3月20日之前办理涉案房屋的过户手续，但双方并未在该约定期限内办理过户手续，而曹某醒并未充分举证证明未能办理过户手续是因不可归责于其自身的原因所致；其三，曹某醒明知涉案房屋已被原审法院查封，却未及时向原审法院提出执行异议主张权利，而是向广州仲裁委员会申请裁决廖某太协助其办理涉案房屋的过户手续，并在取得仲裁裁决书后以此为依据向原审法院提出执行异议；其四，（2015）穗中案字第2357号仲裁裁决书确认的办理涉案房屋过户手续的前提条件是涂销抵押和解除查封，故该裁决书有关过户事项能否予以执行仍需以审查涉案房屋的查封能否解除为前提。故曹某醒对涉案房屋并不享有足以排除原审法院强制执行的合法权益，其诉请停止对涉案房屋的查封并确认涉案房屋归其所有，依据不充分。

综上，广东省广州市中级人民法院判决如下：

一、撤销越秀区人民法院（2018）粤0104民初19561号民事判决；

二、驳回曹某醒的全部诉讼请求。

【法官后语】

本案有以下三个问题值得探讨。

一、借款合同关系能否转化为商品房买卖关系

本案中，被执行人廖某太逾期未能向曹某醒清偿到期债务，双方签订商品房买

卖合同，将借款转化为购房款并经生效裁决确认，将借款合同关系转变为买卖合同关系，属当事人达成嗣后变更法律关系性质的一致意思表示，应当予以尊重。

二、终止借款合同关系后签订商品房买卖合同，但未实际占有涉案房屋，能否产生足以排除法院强制执行的物权期待权

双方签订商品房买卖合同，但不动产物权的设立、变更、转让和消灭，经依法登记产生效力，未经登记，不发生效力。在房屋办理过户登记前，涉案房屋的物权并未发生变动，案外人曹某醒依据上述商品房买卖合同，仅享有未来请求将房屋过户至其名下的债权请求权，不足以形成优先于一般债权的利益，案外人要产生足以排除强制执行的物权期待权仍应同时满足《最高人民法院关于人民法院办理执行异议和复议案件若干问题的规定》第二十八条规定的四个条件。本案中，曹某醒所提交的证据并不足以充分证明其在原审法院查封涉案房屋之前已实际占有涉案房屋，且未在双方约定期限内办理过户手续，而曹某醒并未充分举证证明未能办理过户手续是因不可归责于其自身的原因所致，故不能产生排除法院强制执行的物权期待权。

三、法院查封执行标的后，另案生效的裁判文书能否作为排除法院强制执行的依据

本案中，根据《最高人民法院关于人民法院办理执行异议和复议案件若干问题的规定》第二十六条第二款的规定，金钱债权执行中，案外人依据执行标的被查封、扣押、冻结后作出的另案生效法律文书提出排除执行异议的，人民法院不予支持。《最高人民法院、国土资源部、建设部关于依法规范人民法院执行和国土资源房地产管理部门协助执行若干问题的通知》第二十二条规定，被查封的房屋在查封期间不能办理权属变更、转移登记手续。据上述规定，案外人对被法院查封的不动产主张实体权利，应首先通过向执行法院提出书面异议及异议之诉的途径予以解决，而不能通过另案裁决、诉讼的形式直接对查封中的不动产变更权属。曹某醒得知涉案房屋已被原审法院查封后向广州仲裁委员会请求作出的要求廖某太协助其办理涉案房屋的过户手续裁决不能排除法院的强制执行。

值得注意的是，民间借贷中的私下以物抵债行为，被执行人不仅容易与案外人串通，制造虚假诉讼，达到逃避债务的目的，且私下以物抵债行为亦可能会损害其他普通债权人公平受偿的权益，故借款合同双方终止借款合同关系后签订以物抵债

协议或买卖合同，应首先审查是否存在合同无效情形、是否符合法律禁止流押的规定以及是否符合《最高人民法院关于审理民间借贷案件适用法律若干问题的规定》第二十三条规定的情形，在协议合法有效的情况下结合案外人占有情况等证据审查案外人享有的权益能否排除执行，以期能最大限度地保护各方当事人权益，防止被执行人虚假诉讼逃避债务，保障、提升执行实效。

编写人：广东省广州市越秀区人民法院　朱林霞　王月娇

9

利益均衡原则在预售商品房执行中的运用

——领地房产公司诉欧某群案外人执行异议之诉案

【案件基本信息】

1. 裁判书字号

广东省佛山市中级人民法院（2018）粤06民终7714号民事判决书

2. 案由：案外人执行异议之诉

3. 当事人

原告（上诉人）：领地房产公司

被告（被上诉人）：欧某群

第三人（被执行人）：广莱建材公司、刘某荣、刘某传、罗某盛

【基本案情】

2014年12月21日，领地房产公司与案外人中国建设银行股份有限公司佛山市分行（以下简称中国建设银行佛山分行）签订一份《楼宇抵押贷款合作协议》，约定中国建设银行佛山分行为领地房产公司开发建设并销售的领地海纳君庭的商品楼宇的抵押贷款合作方；中国建设银行佛山分行为整个项目的购房人提供相关贷款业务；在楼宇销售期间，领地房产公司对中国建设银行佛山分行向购房人发放的住房抵押贷款，在银行的最高贷款额限度内，同意为所有购房人的每一笔贷款，提供无

条件、不可撤销的连带保证。2015 年 8 月 1 日，领地房产公司与刘某荣签订《广东省商品房买卖合同》，约定领地房产公司将领地海纳君庭 4 座涉案房屋出售给刘某荣，售价为 622708 元，其中首期款为 192708 元，剩余房款 430000 元申请办理银行按揭手续。该合同同时约定了违约金的计算以及解除合同的情形。合同签订后，刘某荣向领地房产公司支付了首期购房款 192708 元，中国建设银行佛山分行向领地房产公司支付了贷款 430000 元。2015 年 9 月 17 日，《广东省商品房买卖合同》办理备案登记。涉案房屋于 2015 年 9 月 17 日办理了预购商品房买卖预告登记，预告权利人为刘某荣，不动产登记证明号为 0200××××××，刘某荣占有份额为 100%。该房产于 2015 年 9 月 17 日办理预抵押登记，登记抵押权利人为中国建设银行佛山分行。

2016 年 2 月 26 日，欧某群起诉广莱建材公司、刘某荣、刘某传、罗某盛，该院经审理后作出（2016）粤 0605 民初 3445 号民事判决，判决广莱建材公司支付欠款 4523000 元予欧某群，刘某荣、刘某传、罗某盛承担连带清偿责任。该判决生效后，欧某群申请强制执行，执行案号为（2016）粤 0605 执 8327 号。执行过程中，执行法院于 2017 年 5 月 11 日作出（2016）粤 0605 执 8327 号之一执行裁定，裁定拍卖或变卖刘某荣所有的涉案房屋。领地房产公司随后提出执行异议，请求中止对涉案房屋的拍卖。2017 年 9 月 26 日执行法院作出（2017）粤 0605 执异 440 号执行裁定，驳回领地房产公司的异议请求。领地房产公司遂提起本案诉讼。

【案件焦点】

上诉人领地房产公司是否对涉案房屋享有排除执行的民事权益。

【法院裁判要旨】

广东省佛山市南海区人民法院经审理认为：民事活动应遵循公平原则及诚实信用原则。本案中，刘某荣与领地房产公司在 2015 年 8 月 1 日签订《广东省商品房买卖合同》及补充协议后，已按合同约定支付了全部购房款，双方签订的《广东省商品房买卖合同》也已办理了预售登记备案手续，即该买卖合同项下的房产应视为刘某荣的财产，刘某荣对该房产享有物权期待权，该权利应受到法律保护。执行法院将涉案房产作为刘某荣的财产予以执行符合法律规定。领地房产公司提出的执行异议依据不足，故对其诉讼请求不予支持。故判决驳回领地房产公司的诉讼请求。

广东省佛山市中级人民法院经审理认为：第一，根据《中华人民共和国物权法》第三十条的规定，领地房产公司因合法建造的事实行为而对包括涉案房屋在内的领地海纳君庭商品楼宇设立了物权，其对涉案房屋享有物权。刘某荣在尚未办理涉案房屋房屋变更登记的情况下，并未取得涉案房屋的物权，涉案房屋的物权人仍为领地房产公司。

第二，物权期待权本质上属于债权，但在符合条件的情况下，能够具备一定的物权效力，并对不动产物权人的部分权利行为产生排他效力。《中华人民共和国物权法》第二十条第一款明确规定预告登记后发生的非经预告登记权利人同意的其他物权处分行为均不发生物权效力，可见经过预告登记的物权期待权被赋予了一定的排他效力，它在一定程度上能够对抗物权人的处分权。本案中，刘某荣已经就涉案房屋办理预告登记，成为预告登记权利人，对涉案房屋享有排他效力的物权期待权。领地房产公司有关因刘某荣未按期履行还贷义务，其实际上并未收回销售涉案房屋的对价的主张，是对领地房产公司与刘某荣之间的商品房买卖合同关系，以及领地房产公司、刘某荣与中国建设银行佛山分行之间的银行贷款担保保证合同关系的混淆。本案中，刘某荣通过支付首期款、办理银行按揭贷款的方式已经支付了全部购房款，刘某荣在商品房买卖合同中的义务已经履行完毕，其并不存在违约情形。至于刘某荣未按期偿还银行贷款导致领地房产公司承担其作为保证人而应承担的连带清偿责任，这属于三者之间的银行贷款担保保证合同关系，且领地房产公司在与中国建设银行佛山分行签订《楼宇抵押贷款合作协议》时，已经预知存在这种合同风险。

第三，领地房产公司代刘某荣偿还贷款等费用归根结底是领地房产公司让渡涉案房屋物权过程中因刘某荣过错而支出的款项，是涉案房屋能够作为刘某荣的责任财产被强制执行的前提条件。而本案申请执行人仅为对涉案房屋不享有物权权益的普通债权人，故执行法院在涉案房屋变价款中应当预先扣除并支付领地房产公司代刘某荣偿还贷款等费用。

综上，领地房产公司对涉案房屋享有的民事权益并不能排除本案执行，故二审判决：

驳回上诉，维持原判。

【法官后语】

利益均衡是法经济学中的一个概念，以追求各利益主体间配置最优化作为价值目标，遵循公平原则、统筹兼顾原则、效益最大化原则。结合本案的特点，归纳此类案件的处理意见为：法院根据普通金钱债权人申请对购房者通过按揭贷款方式购买并办理了预告登记的、出现“断供”的商品房采取强制执行措施，贷款银行或已承担保证责任的开发商请求排除执行，法院不予支持。法院在处置前述商品房后，其变价款应当先行扣除未清偿完毕的贷款或开发商代偿的贷款本息等费用，再清偿申请执行人（普通金钱债权人）的债权，如有余款，退还购房者。其合理性分析如下。

1. 商品房属于购房者的责任财产

根据《最高人民法院、国土资源部、建设部关于依法规范人民法院执行和国土资源房地产管理部门协助执行若干问题的通知》第十五条的规定，购房者办理了商品房预售合同登记备案手续或者商品房预告登记，该商品房即可作为购房者的责任财产。由于在执行领域中，存在人民法院强制执行手段的参与，而执行结果又往往使得不动产直接发生物权变动效力，因此在确定不动产是否属于被执行人责任财产问题上采取实质界分更为合适。

2. 物权优先于债权的例外——预告登记制度

物权被称为对世权，具备优先于债权的效力。但现行法律中也存在物权优先于债权的例外情形。《中华人民共和国物权法》第二十条第一款明确规定预告登记后发生的非经预告登记权利人同意的其他物权处分行为均不发生物权效力（《中华人民共和国民法典》第二百二十一条第一款同此规定》)，可见经过预告登记的物权期待权被赋予了一定的排他效力，它在一定程度上能够对抗物权人的处分权。

3. 返还商品房请求权的限制影响

为保障自身权益，开发商一般会与购房者约定在开发商因购房者“断供”被贷款银行要求承担保证责任后享有解除合同的权利。但是考虑双务合同解除必然涉及相互返还义务，为平衡各方当事人利益，只有在开发商已经返还价款的情况下才能排除执行，才有返还商品房请求权适用的空间。

4. 不违背各方当事人的真实诉求

在开发商与购房者之间的商品房买卖（预售）合同关系、贷款银行与购房者之间的金融借款合同关系、贷款银行与购房者的抵押担保合同关系、贷款银行与开发商的阶段性担保合同关系以及购房者与申请执行商品房的金钱债权人之间或因民间借贷，或因合同关系成立的债权债务关系中，只有购房者的行为目标明确指向商品房的物权，而其他当事人的行为虽然或多或少与商品房有关，但其最终目标均指向商品房对应的价款。因此，从各方当事人的真实诉求分析，继续执行预售商品房以取得相关价款再进行分配并不违背各方当事人的意愿和追求。

5. 房产价值损益的合理处置

受我国房地产市场价格行情的影响，商品房的原购买价格与执行阶段的市场价值之间通常会存在较大的差异。商品房因市场价格行情上扬，将产生增值价值，这部分价值若属于购房者，则能够用以清偿购房者拖欠普通金钱债权人的债务，有利于债权最大化的实现。商品房因市场价格行情下跌，将产生贬损价值，这部分价值由购房者自行承担，亦符合市场的风险承担原则。[1]

编写人：广东省佛山市中级人民法院　黎健毅　李慧

---

① 参见王群、陈光卓：《预查封商品房之变价款的执行清偿顺位》，载《人民司法》2018年第35期。

二、对特殊标的物的执行

10

申请执行人怠于申请处置财产案件终结执行程序

——李某明与航众工业有限公司执行异议案

【案件基本信息】

1. 裁判书字号

北京市朝阳区人民法院（2019）京0105执1264号执行裁定书

2. 事由：怠于申请执行

3. 当事人

申请执行人：李某明

被执行人：航众工业有限公司

【基本案情】

李某明依据（2018）京0105民初87916号民事调解书申请执行航众工业有限公司（以下简称航众公司）借款合同纠纷一案，北京市朝阳区人民法院（以下简称朝阳区人民法院）于2019年1月14日以（2019）京0105执1264号立案执行。朝阳区人民法院向被执行人航众公司发出执行通知后，根据财产查询反馈冻结该公司银行账户。并查明，本案李某明之债权系从案外人北京银行股份有限公司北苑路支行（以下简称北京银行北苑路支行）受让取得，该债权之担保物权，航众公司名下位于北京市西城区西直门南小街×号楼×层×号房产（以下简称抵押房产）抵押权由李某明一并取得。另查，抵押房产由其他法院在先查封，该查封案件债权系一般债权。

2019年2月，双方当事人共同向朝阳区人民法院提交李某明作出的《申请书》，其中申请朝阳区人民法院解除本案对航众公司存款账户的冻结，同时申请不查封抵押房产，不对航众公司采取限高、列入失信等间接强制措施。经询问，双方均向朝阳区人民法院确认《申请书》意思表示真实，其目的在于缓解航众公司清偿债务压力，协商执行和解。双方同时确认该申请书并非执行和解协议，如达成和解将共同书面确认。

2019年8月，朝阳区人民法院向申请执行人李某明就执行和解情况进行询问，李某明方称尚未达成执行和解协议，并再次表示不申请对抵押房产的查封，亦不申请采取其他执行措施。朝阳区人民法院向李某明释明，执行和解协商期间不应超过法定执行期限。

2019年11月，朝阳区人民法院再次向李某明进行询问，李某明称仍未达成执行和解协议，航众公司未履行义务。朝阳区人民法院向其释明，如李某明继续怠于申请对被执行人财产查封、处置，同时不申请采取其他执行措施，则应向法院撤回本案执行申请。李某明未作出查封处置申请，亦未申请撤回执行。

【案件焦点】

1. 申请执行人以协商执行和解为由向执行法院申请不对被执行人财产采取执行措施，该行为性质在执行程序中应如何评价；2. 本案中李某明怠于行使权利的行为，是否应依职权认定为视为撤销执行请求，而终结执行程序。

【法院裁判要旨】

北京市朝阳区人民法院经审理后认为：执行中，本院向被执行人航众公司发出执行通知、财产报告令等，并依法冻结其名下存款账户。2019年2月18日，申请执行人与被执行人双方经传唤到庭。申请执行人书面申请解除本案对被执行人存款账户冻结，并以协商执行和解为由申请在本案中不对被执行人财产及其法定代表人采取执行措施。执行中本院多次向申请执行人询问执行和解情况。截至2019年12月6日，申请执行人与被执行人仍未达成执行和解。申请执行人亦未向本院申请对被执行人财产及负责人采取执行措施。

本院认为，在执行程序中，申请执行人与被执行人就执行和解协商的期限不应超过法定执行期限。本案双方当事人协商期间已逾六个月，且申请执行人仍未申请本院对被执行人财产采取执行措施。申请执行人李某明在执行程序怠于行使权利行为应视为其向本院撤回执行请求。依照《中华人民共和国民事诉讼法》第二百五十七条第六项之规定，裁定终结（2019）京 0105 执 1264 号案件的执行。

【法官后语】

在金钱给付类执行案件中，被执行人以协商执行和解为名拖延、规避执行的情况时有发生。随着经济的发展，法院执行案件数量呈跨越式增长，申请执行人在程序中怠于行使权利，拖延执行的案件亦占有一部分比重，具体体现在申请法院不对被执行人及财产采取执行措施甚至要求解除已采取的措施。此类案件中权利人消极拖延行为本身与通过公权力实现债权这一强制执行制度设立原则相悖。本案中，执行法院在法定执行期限届满而当事人未达成执行和解的情况下，以终结执行程序对“消极”权利人作出程序上的回应，体现了执行程序效率原则，节约司法资源的同时通过职权主义维护了司法威严。本案在程序上的探索性适用上对此类案件的适用机制的确立具有良好的借鉴价值。

本案首先属于有财产可供执行的案件，被执行人航众公司名下之银行存款、房产均可通过强制执行以清偿债务，且申请执行人李某明通过受让债权取得了对被执行人房产的抵押权。即便在房产已有另案在先查封的情况下，执行法院仍可依照《最高人民法院关于首先查封法院与优先债权执行法院处分查封财产有关问题的批复》的规定在轮候查封的状态下取得房产的处置权。本案申请执行人李某明申请撤销对航众公司存款的冻结，并明确申请不查封抵押房产及采取其他执行措施，造成本案客观上无财产执行，无执行内容。债务人及其财产的状态均恢复到执行程序开始前。显然，此种状态在实质要件方面符合《中华人民共和国民事诉讼法》（以下简称《民事诉讼法》）第二百五十七条第一项所规定申请人撤销申请而终结执行的法律后果。执行法院认为本案应裁定终结执行。

对于本案是否事实上的执行和解而适用《最高人民法院关于适用〈中华人民共和国民事诉讼法〉的解释》（以下简称《民诉法解释》）第四百六十六条至第四百六十九八的“和解终结”，执行法院通过审查后在法律适用上予以否定。当事人在不违反禁止性规定的前提下，于执行和解协议中对实体权利及程序权利的处分，执行法院不存在干涉或调整的法律依据。申请撤销案件的部分或全部执行措施作为执行和解协议的内容，执行法院可以据此裁定终结执行。此种撤销的本质是权利人处分程序权利以促使协议所确定的实体权利顺利实现，此种终结执行的性质是“不免责”的终结，即法定条件成就时，权利人可以再次申请或恢复执行。本案中，申请执行人李某明并非在和解协议中撤销执行措施，而是欲通过撤销执行措施并消极行使权利而“协商执行和解”，事实上被执行人航众公司并未因李某明消极行权而履行债务，双方亦未就原生效法律文书所确定的履行数额、履行方式作出变更。故执行法院认为本案实质要件不适用“和解撤销终结”的法律规定，而应参照适用申请执行人撤销申请终结。此外需要指出的是，《民诉法解释》第四百六十八条规定再次申请执行的期间因执行中的执行和解而中断，而中断的期间由和解协议的履行期届满而截止。而撤销执行终结仅适用《民事诉讼法》第二百三十九条的规定。故本案执行法院对执行和解状态的否定，对权利人在执行时效方面起到了约束的作用。

执行法院认为，在本案申请人李某明怠于行使权利的行为已符合申请人撤销执行实质要件的前提下，其逾法定执行期限六个月“协商和解”与其在法院释明程序后的默示行为应认定为满足撤销执行的形式要件。民事执行程序中，并未禁止当事人在执行期间内协商和解，且尊重当事人意思自治，以体现“处分权主义”原则。而法定执行期限的设立，系出于提高执行效率与平衡司法资源配置的考量。故权利人对执行中程序权利处分的期间不能逾越法定执行期限，否则应由执行法院依法调整，以体现执行程序的“职权主义”原则。据此，本案李某明逾期“谈和解”的行为应由法院依职权规制。在司法实践中，申请执行人撤销执行应以书面形式确认，本案中在法院释明并要求李某明作出撤销或申请执行的意思表示后，其仍保持消极行权的状态。执行法院可以判断李某明对撤销执行的法律后果是明知且默示的，由此进一步依职权认定此种默示即为满足撤销申请这一形式要件。综上，执行法院参照撤销执行处理，以《民事诉讼法》第二百五十七条第六项裁定本案终结执行。在条文适用中，执行法院考虑到《民事诉讼法》第二百五十七条第一项系法定情形，本案李某明行为虽然符合要件，但要件认定系法院依职权作出，而第二百五十七条第六项之规定本系执行法院依职权认定应当终结的“兜底条款”，故在文书中释明“视为其向本院撤回执行请求”，以明确再次申请执行的时效，而在援引中使用该第（六）项以体现法院依职权认定在程序上更为严谨。

执行程序的效率原则对申请执行人债权的实现与被执行人或第三人合法权利的保护尤为重要。在有财产可供执行的案件中，对于事人的意思自治的法定边界应予以明确，边界之外，法院应依职权积极采取执行措施，推进财产处置变现，从而提高执行效率，达到均衡司法资源的社会效果。本案执行程序，体现了“处分权主义”与“职权主义”的平衡，在不侵犯权利人实体权利的前提下，对其消极行权的行为从程序上予以规制。法律适用严谨规范，为日益增多的此类案件今后法律适用与研究提供了有益样本。

编写人：北京市朝阳区人民法院　杜辰辰

11

信用证保证金账户阻却强制执行的审查认定

——浦发银行青岛分行执行异议案

【案件基本信息】

1. 裁判书字号

北京市门头沟区人民法院（2019）京 0109 执异 41 号执行裁定书

2. 事由：执行异议

3. 当事人

异议人：浦发银行青岛分行

申请执行人：兴业银行开发区支行

被执行人：长春中天公司、青岛中天公司

【基本案情】

兴业银行开发区支行申请执行长春中天公司、青岛中天公司赋予强制执行效力的公证债权文书一案，被执行人长春中天公司、青岛中天公司应向申请执行人兴业银行开发区支行给付借款本金及利息共计 93094366.12 元。

在执行过程中，北京市门头沟区人民法院（以下简称门头沟区人民法院）冻结了青岛中天公司名下浦发银行青岛分行账户（以下称0031账户）内存款6450000元，后法院扣划0031账户内存款，浦发银行青岛分行以0031账户内存款6450000元为国内信用证保证金请求法院免于扣划，并以此向执行法院提出异议。

在执行异议审查程序中，法院查明以下事实：2018年8月21日，青岛中天公司与浦发银行青岛分行签订《开立信用证业务协议书》（编号：69012018280678），约定浦发银行青岛分行为青岛中天公司开立金额为21450000元的不可撤销跟单信用证，受益人为湖北九头风天然气有限公司（以下简称九头风天然气公司），双方约定保证金账号为×××× ×××× ×××× ×××× 0031，保证金比例为30.07%，保证金金额为6450000元人民币。九头风天然气公司收到国内信用证（信用证编号：RLC690120180073）后于2018年8月22日向浦发银行青岛分行申请办理国内证福费廷。浦发银行青岛分行与九头风天然气公司签订《国内信用证福费廷业务合同》（编号：DSFT6901180037），合同约定九头风天然气公司同意将其持有的编号为RLC690120180073信用证项下的债权21450000元以20995468.54元的价格转让至浦发银行青岛分行，并约定浦发银行青岛分行需在2018年8月23日将全部转让价款20995468.54元支付至九头风天然气公司名下的银行账户（以下称08265账户）。2018年8月22日，浦发银行青岛分行与中国农业银行股份有限公司广州流花支行（以下简称农行流花支行）办理了福费廷包买让渡业务，双方同意农行流花支行以21001695元购买RLC690120180073信用证项下的未到期债权，并约定浦发银行青岛分行应于信用证到期日将款项付至农行流花支行（账号：×××× ×××× ×××× ××××× 1350，大额支付号：103581004254）。后农行流花支行向浦发银行青岛分行发送报文，将上述福费廷包买让渡业务中的账号和大额支付号进行变更（变更后的账号：×××× ×××× ×××× ××××6327，变更后的大额支付号：103581004279）。2019年3月20日，浦发银行青岛分行向农行流花支行支付了21450000元。

【案件焦点】

1. 0031账户是否为信用证保证金账户，系开证行对远期债权的质权；2. 开证行即浦发银行青岛分行是否履行了对外支付的义务，其质权具备了实现的现实基础；3. 开证行履行对外支付的债权人是否准确，即信用证项下的权利转让是否合法。

【法院裁判要旨】

北京市门头沟区人民法院经审理认为：在国内开立不可撤销的信用证，被执行人作为开证申请人在开证行设立信用证保证金账户。该账户内的资金作为信用证项下支付资金的保证金应当视为被特定化，执行法院可以采取冻结措施，但不得进行扣划。有证据证明开证银行履行了对外支付义务后，执行法院应当根据开证银行的申请立即解除冻结措施。但是，在信用证被转让的情况下，还应坚持排除信用证付款的欺诈例外原则审查转让过程的合法性。

《最高人民法院关于适用〈中华人民共和国担保法〉若干问题的解释》第八十五条规定："债务人或者第三人将其金钱以特户、封金、保证金等形式特定化后，移交债权人占有作为债权的担保，债务人不履行债务时，债权人可以以该金钱优先受偿。"本案中，在法院冻结涉案账户前，浦发银行青岛分行与青岛中天公司已签订国内信用证开证协议，青岛中天公司将人民币6450000元存入0031账户，上述存款已以专户形式特定化，可以认定0031账户为青岛中天公司在浦发银行青岛分行处开立的信用证保证金账户，账户内的人民币6450000元为开证保证金，且该保证金已由浦发银行青岛分行占有，故浦发银行青岛分行对上述保证金及利息享有优先受偿权。另外，《最高人民法院关于人民法院能否对信用证开证保证金采取冻结和扣划措施问题的规定》第一条规定："人民法院在审理或执行案件时，依法可以对信用证开证保证金采取冻结措施，但不得扣划。如果当事人、开证银行认为人民法院冻结和扣划的某项资金属于信用证开证保证金的，应当依法提出异议并提供有关证据予以证明。人民法院审查后，可按以下原则处理：对于确系信用证开证保证金的，不得采取扣划措施；如果开证银行履行了对外支付义务，根据该银行的申请，人民法院应当立即解除对信用证开证保证金相应部分的冻结措施……"本案中，案外人提交的现有证据可以证实浦发银行青岛分行已向第三方履行了对外支付人民币21450000元的义务，故案外人请求解除对青岛中天公司在该行保证金账户的冻结措施符合法律规定，法院予以支持。

【法官后语】

关于涉及信用证执行的案件，司法实践中并不多见，尤其本案涉及国内信用证保证金账户的法律性质、二级市场转卖业务等法律关系以及信用证福费廷业务等诸多银行流程专业问题，给本案的异议审查带来很大的难度。本案中，法院对被执行人青岛中天公司名下的0031账户采取冻结措施，浦发银行青岛分行提出案外人异议，主张0031账户为国内信用证保证金账户。《最高人民法院关于人民法院能否对信用证开证保证金采取冻结和扣划措施问题的规定》第一条规定："人民法院在审理或执行案件时，依法可以对信用证开证保证金采取冻结措施，但不得扣划。如果当事人开证银行认为人民法院冻结和扣划的某项资金属于信用证开证保证金的，应当依法提出异议并提供有关证据予以证明。人民法院审查后，可按以下原则处理：对于确系信用证开证保证金的，不得采取扣划措施；如果开证银行履行了对外支付义务，根据该银行的申请，人民法院应当立即解除对信用证开证保证金相应部分的冻结措施……"按照最高人民法院的规定，剥茧抽丝，寻根溯源，本案审查的焦点问题可以归纳为三点：（1）0031账户是否为信用证保证金账户，系开证行对远期债权的质权；（2）开证行即浦发银行青岛分行是否履行了对外支付的义务，其质权具备了实现的现实基础；（3）开证行履行对外支付的债权人是否准确，即信用证项下的权利转让是否合法？

（一）0031账户是否为保证金账户

在本案中，浦发银行青岛分行向法院提交《开立信用证业务协议书》及国内信用证（副本），用以证明"浦发银行青岛分行为青岛中天公司开立了不可撤销国内信用证，信用证的受益人为九头风天然气公司"，载明开证日期为2018年8月21日，开证金额为21450000元，付款期限为到单后210天。其中，《开立信用证业务协议书》中浦发银行青岛分行与青岛中天公司明确约定了保证金账户为0031账户，并约定了保证金的比例为开证金额21450000元的30.07%，即6450000元。根据我国相关法律规定，国内信用证都属于不可撤销信用证，是开证银行依照申请人（货物购买方）的申请开出一定金额，并在约定的期限内凭信用证单据向受益人（货物销售方）支付款项的书面承诺。按照一般规则，在到期付款日，若单证一致，开证行必须向受益人无条件付款，该规则体现了信用证的独立性原则。即，买卖双方签订买卖合同，并从开证行开出信用证后，银行的支付责任便独立于买卖合同的法律关系。从国内银行信用证业务的操作流程来看，信用证的申请人也将信用证作为一种融资手段。申请人开立信用证，一般无须直接在开证行存入足额的资金，而是和开证行约定一定比例的保证金，利用金融杠杆，为自己融资。在到期付款日，一般由开证行直接向受益人付款，直接付款的责任转嫁给开证行。在国内信用证的关系中，开证行与申请人之间属于签订了一个融资借款合同，并约定了相应的保证金；开证行与受益人之间则是一笔延期付款的债权债务关系。信用证项下的保证金的目的是担保开证行对开证申请人基于未来可能发生的债权的实现，《最高人民法院关于人民法院能否对信用证开证保证金采取冻结和扣划措施问题的规定》明确了其属于担保资金的法律性质，“信用证开证保证金属于有进出口经营权的企业向银行申请对国外（境外）方开立信用证而备付的具有担保支付性质的资金”。信用证开证保证金的法律属性应当属于权利质权。

结合本案案情，青岛中天公司与九头风天然气公司基于买卖合同，青岛中天公司作为货物购买方向浦发银行青岛分行开立了不可撤销国内信用证，信用证的受益人为九头风天然气公司，开证日期为2018年8月21日，开证金额为21450000元，付款期限为到单后210天，符合信用证的开办规则和要求。《开立信用证业务协议书》明确约定了保证金账户为0031账户，并约定了保证金的比例为开证金额21450000元的30.07%，即6450000元，而且法院查封0031账户内的资金显示与约定一致。同时，法院对青岛中天公司名下的0031账户情况进行查询，银行回单注明0031账户已经设立了优先权（质权）。因此，根据案外人提交的证据，法院初步审查可以认定0031账户是浦发银行青岛分行为青岛中天公司开立的不可撤销国内信用证的保证金账户，系开证行浦发银行青岛分行对远期债权的质权。

（二）开证行是否履行了对外支付义务

根据《最高人民法院关于人民法院能否对信用证开证保证金采取冻结和扣划措施问题的规定》的规定，开证银行是否履行了对外支付义务，决定着法院是否对信用证开证保证金相应部分解除冻结措施。审查此案时，浦发银行主张其已经履行了对外支付义务。根据双方提供证据，法院查明事实：九头风天然气公司收到国内信用证后，于2018年8月22日通过与浦发银行青岛分行签订《国内信用证福费廷业务合同》，将信用证项下的债权21450000元以20995468.54元的价格转让至浦发银行青岛分行。当日，浦发银行青岛分行与农行流花支行再次办理了福费廷包买让渡业务，双方同意农行流花支行以21001695元购买信用证项下的未到期债权。2019年3月20日，浦发银行青岛分行向农行流花支行支付了21450050元。在以上事实的基础上，虽然信用证项下的权利经过转让，最终开证银行履行了对外支付义务。

（三）开证行履行对外支付的债权人是否准确

关于第三个焦点，合议庭争议较大。根据浦发银行青岛分行提交的国内信用证，受益人为九头风天然气公司，按照不可撤销国内信用证的付款规则，浦发银行应当在信用证到期日（2019年3月20日）向九头风天然气公司支付21450000元。根据银行交易流水，浦发银行青岛分行并未在到期日直接向九头风天然气公司支付21450000元，而是在该日向农行流花支行支付了21450000元。一种观点认为，根据信用证独立性原则，法院只需审查开证行是否履行了对外支付义务即可，无须审查履行对象是否准确；另一种观点认为，信用证付款的欺诈例外原则也是一项重要原则，承认信用证独立于基础合同的同时，如果受益人存在欺诈行为，从保护执行案件债权人角度出发，法院亦应主动审查。在本案审查过程中，基于信用证付款的欺诈例外原则，法院坚持了主动审查的观点。

那么，是否应该否定浦发银行青岛分行履行对外支付的义务？根据浦发银行青岛分行提交的大量银行系统交易单证，法院查明本案除了涉及国内信用证业务，还涉及信用证福费廷业务以及福费廷二级市场转卖业务，这也成为焦点三中的难点。具体到本案，受益人九头风天然气公司将国内信用证的应收债权通过信用证福费廷业务出售给开证行浦发银行青岛分行。通过此项业务，九头风天然气公司提前得到现款，而浦发银行则以较低的转让价格（20995468.54元）买入了21450000元的应收债权。尔后，浦发银行青岛分行再次将该笔应收债权进行了福费廷二级市场转卖，买方为农行流花支行，转卖的价格为21001695元。

本案中，审查开证行浦发银行是否履行了对外付款义务时，法院发现开证行在交易流程中不仅扮演了开证行的角色，同时也是信用证受益人应收债权的买受人。那么，浦发银行是否能够在作为开证行的同时，又购买项下受益人的应收债权，并将该应收债权再次转让？这种交易模式是否合法合规？

通过对银行信用证相关业务的了解，福费廷是贴现业务的一种形式，通过福费廷可以提前得到现款。信用证福费廷业务则是指金融机构从国内信用证受益人处买入延期付款的国内信用证的应收债权。近年来，国内商业银行借鉴国际信用证福费廷业务模式，在国内信用证开立之后的融资端创新出议付、自营、转卖、包买和福费廷等产品。国内信用证福费廷业务也是其中一种，因该业务兼具信用证的部分特点和福费廷的融资功能，不仅为实体经济解决了融资问题，也促进了商业银行之间的广泛合作。根据查阅银行业监管的相关法律法规，并无禁止开证行购买信用证受益人应收债权的规定。同时信用证业务遵循单证一致原则。单证一致指一是信用证交易处理的是单据，二是处理单据时应遵循单证相符。浦发银行与九头风天然气公司之间的信用证福费廷业务以及与农行流花支行之间的福费廷二级市场转让业务属于目前合法合规的银行业务，且上述业务并未违背单证一致原则。虽然交易结构复杂，但不能以此否定各主体从事业务的合法合规性。

通过上述交易，九头风天然气公司提前获得了现金，浦发银行通过二级市场转卖，也获得了短期融资。及至国内信用证的到期付款日，开证行浦发银行青岛分行按照信用证向最终的受益人农行流花支行支付 21450000 元，即完成了信用证的付款义务。

综上，受益人九头风天然气公司通过国内信用证福费廷业务将其应收债权转让至浦发银行青岛分行，浦发银行青岛分行再次通过福费廷二级市场转卖业务将应收债权转让至农行流花支行。在信用证到期付款日，收款方虽然不是最初的受益人九头风天然气公司，但国内信用证的开证行浦发银行青岛分行在到期日向最终的受益人农行流花支行履行了对外支付 21450000 元的义务，基于此，本案可以认定开证行履行了对外支付的义务，对浦发银行青岛分行的异议请求应该予以支持。

编写人：北京市门头沟区人民法院　闫洪升　马绍敏

三、公证债权文书的执行

12

民间借贷类公证债权文书申请执行的审查要点及证明标准

——许某与左某阳、朱某执行公证债权文书案

【案件基本信息】

1. 执行书字号

江苏省无锡市江南公证处（2019）锡江证执第4号执行证书

2. 事由：执行公证债权文书纠纷

3. 当事人

申请执行人：许某

被申请执行人：左某阳、朱某

【基本案情】

许某从汤某贵处受让债权并至江苏省无锡市江南公证处进行公证，该公证处于2019年7月12日作出（2019）锡江证执第4号执行证书。该执行证书载明：申请执行人可持本执行证书向有管辖权的人民法院申请强制执行。被申请执行人为左某阳、朱某，执行标的为：借款本金人民币64万元整；利息、罚息、违约金（自二〇一五年十二月十七日起至被申请执行人实际履行完毕为止，以人民币64万元为基数，按年24%计算）；为实现债权支出的相关费用。

在执行过程中，左某阳、朱某至无锡市惠山区人民法院反映其自2015年12月15日起每月按约定还款29648元至双方指定的账户，但不知因何原因至2016年12

月19日左某阳、朱某还款至该账户后未能扣款，故上述强制公证书内容与事实不符，请求法院不予执行。

执行过程中另查明如下事实：左某阳、朱某至炳恒财富管理（苏州）有限公司（以下简称炳恒公司）借款，炳恒公司与左某阳、朱某签订个人借款与咨询协议，约定由炳恒公司指定特定借款人出借相应款项给左某阳、朱某，并由炳恒公司指定的特定借款人与左某阳、朱某签订抵押借款合同。在签订该合同后由炳恒公司指定的特定借款人汤某贵出借相关款项。还款由出借人将款项汇入炳恒公司指定账户后由第三方支付系统扣款。炳恒公司在此笔交易中收取咨询费、审核费、管理费143106元，由出借方代左某阳、朱某支付，后由借款人在还款时一并支付。自2015年12月15日起该指定账户开始通过协议的第三方支付系统扣款，至2017年10月15日该账户内一直余额充足，但扣款至2016年12月19日后未有扣款记录，账户内余额充足。

2019年5月8日，出借人汤某贵与许某签订债权转让协议。在协议中并未提及第三方平台公司炳恒公司，亦未提及左某阳、朱某通过炳恒公司还款的相关事宜。汤某贵与许某对转让债权进行公证时亦未提及相关情况。

承办人查明相关情况并向申请执行人出示相关证据后，申请执行人自行撤销本案的执行申请。

【案件焦点】

本案中被执行人提交法院的相关证据与本院依职权调取的相关证据能否达到证明江苏省无锡市江南公证处作出的（2019）锡江证执第4号执行证书的内容与事实不符证明效力。

【法院裁判要旨】

江苏省无锡市惠山区人民法院认为：本案综合被申请执行人提出的异议及相关证据来看，动摇了法官对公证债权文书与客观真实一致性的心证，故法官对此心证进行公开，并赋予申请执行人反驳的机会。如申请执行人的反驳不足以让法官再次确信公证债权文书与客观真实是一致的，那么本院将依照《中华人民共和国民事诉讼法》第三百三十八条第二款、《最高人民法院关于适用〈中华人民共和国民事诉讼法〉的解释》第四百八十条第一款第三项的规定裁定不予执行。在法官公开相关心证后，申请执行人自动撤销了执行申请，江苏省无锡市惠山区人民法院经审理认为：本院在执行许某与左某阳、朱某公证债权文书纠纷一案中，申请人许某向本院提出撤销本案的执行申请。经本院审查，该申请符合相关法律规定，依照《中华人民共和国民事诉讼法》第二百五十七条第一项、《最高人民法院关于适用〈中华人民共和国民事诉讼法〉的解释》第五百二十条的规定，裁定如下：

终结本案的执行。

【法官后语】

《中华人民共和国民事诉讼法》（以下简称《民事诉讼法》）规定了人民法院对公证机关依法赋予强制执行效力的公证债权文书具有审查权。《最高人民法院关于适用〈中华人民共和国民事诉讼法〉的解释》规定了公证债权文书审查要点。

强制执行效力的公证债权文书具有程序简便、快捷高效、可以方便快捷地预决纠纷的作用。然而，正因其程序简便，公证债权文书的作出没有经过缜密的审判程序，有可能存在错误，损害当事人的合法权益。当前由于民间借贷纠纷中存在种种乱象，对于民间借贷类公证债权文书的审查更应坚持实体审查，从实践来看对于民间借贷类公证文书的实体审查应从以下几个方面重点进行：(1) 出借人实际提供的借贷本金数额；(2) 是否存在服务费、管理费、咨询费、顾问费等名目；(3) 出借人资金是否自有资金；(4) 是否存在第三方收支借贷款项情形；(5) 是否存在预先扣除利息的情形；(6) 约定的利率是否超过最高利率的限额；(7) 是否存在逾期利息与违约金竞合；(8) 借款期限内或逾期利息是否约定不明；(9) 综合审查出借人与借款人关系、款项交付情形，出借人经济能力、交易方式、交易地点、交易习惯、财产变动情况；(10) 交易双方是否通过第三方平台公司；(11) 对于债权转让的案件要坚持从借款源头审查，从实际出借人与借款人之间借款关系审查。本案正是在被申请执行人反映相关情况后从以上几个方面对上述公证债权文书进行了甄别。通过上述要点式审查可以有效避免有问题的民间借贷案件通过公证债权文书及执行程序进入司法进程中来。

从本案审查的情况来看，被申请执行人提供了与第三方炳恒公司签订的咨询协议，银行流水及承办人询问了公证处人员，从公证处人员处得悉公证后出借人在与公证人员的交谈中表示该笔借款有第三人炳恒公司的存在。本案从被申请执行人提供的证据来看，虽被申请执行人提供的证据还不足以形成一个完整的证据链闭环，还缺失从指定账户委托第三方扣款后钱款的流向，炳恒公司与汤某贵之间资金往来等证据，但我们认为公证债权文书的内容与事实不符并不需要达到民事审判时的高度盖然性证明标准。因为法院执行部门作出不予执行公证债权文书裁定后，当事人、公证事项的利害关系人可以就债权争议提起诉讼，通过诉讼对公证的事项作出最终的认定。所以我们认为从《民事诉讼法》及其解释和执行中的审查与诉讼审查的制度安排可以看出，在公证债权文书审查中只要相关证据能够动摇法官对该公证债权内容与事实相符的心证，被申请执行人即达到了请求法院对公证债权文书不予执行的证明标准，但相关证据动摇法官对债权类公证文书内容与事实相符性的心证后，法官应及时公开自己的心证，并允许申请执行人提出反驳意见（在此可参照证据规定的举证期限，由法官指定一个合理的举证期限，以提高审查的效率）。

在本案中承办人在被申请执行人提出异议并提供了相关的证据材料并向公证人员调查核实后及时对心证进行开示，申请执行人在承办人公开心证后主动撤销了执行申请，本院认为该撤销申请并不违反法律规定，故予以准许。

编写人：江苏省无锡市惠山区人民法院　倪乔怡

13

公证债权文书效力判断不属于案外人执行异议之诉受理范围

——张某东诉柳某等案外人执行异议之诉案

【案件基本信息】

1. 裁判书字号

北京市怀柔区人民法院（2019）京0116民初6980号民事裁定书

2. 案由：案外人执行异议之诉

3. 当事人

原告：张某东

被告：柳某、李某焕、余某国

【基本案情】

2016年11月17日，北京市西城区人民法院就张某东与余某国民间借贷纠纷一案作出民事调解书，确认余某国于2016年11月23日前偿还张某东借款527万元。履行期届满后，余某国未按照民事调解书约定履行义务，张某东向该院申请强制执行，目前该案正在执行过程中，正在对余某国名下位于北京市怀柔区的某房产进行处置。

余某国与李某焕曾系夫妻关系，二人（共同债务人）与债权人柳某（李某焕之子）签订借款协议，明确二人于2016年10月18日、10月27日向柳某借款共计703万元。2017年3月29日，北京市中信公证处出具《公证书》，对上述借款协议予以公证，并赋予借款协议以强制执行效力。2017年4月18日，该公证处出具《执行证书》，确认被执行人为余某国、李某焕；执行标的为借款本金703万元及借款利息。2017年5月8日，北京市怀柔区人民法院依据该执行证书立案执行柳某与余某国、李某焕公证债权文书一案，案号为（2017）京0116执1320号。执行过程中，北京市怀柔区人民院对余某国名下位于北京市怀柔区的房屋进行了轮候查封。后该院依据柳某的申请，向首轮查封案涉房屋的北京市西城区人民法院发送参与分配函。

张某东于2019年8月13日，向北京市怀柔区人民法院提出执行异议申请，以余某国、李某焕与柳某串通，通过公证债权文书虚构债权债务，意图参与分配涉案房屋拍卖款为由申请不予执行（2017）京0116执1320号案件。北京市怀柔区人民法院于2019年8月26日作出执行裁定书，裁定驳回了案外人张某东的异议请求。张某东对该执行裁定不服，向北京市怀柔区人民法院提起案外人执行异议之诉。

【案件焦点】

作为执行依据的公证债权文书的效力认定，是否属于案外人执行异议之诉案件的受理范围。

【法院裁判要旨】

北京市怀柔区人民法院经审理认为：《最高人民法院关于适用〈中华人民共和国民事诉讼法〉的解释》第三百一十二条规定："对案外人提起的执行异议之诉，人民法院经审理，按照下列情形分别处理：（一）案外人就执行标的享有足以排除强制执行的民事权益的，判决不得执行该执行标的；（二）案外人就执行标的不享有足以排除强制执行的民事权益的，判决驳回诉讼请求。案外人同时提出确认其权利的诉讼请求的，人民法院可以在判决中一并作出裁判。”可见案外人执行异议之诉提起的前提在于案外人对执行标的享有足以排除强制执行的民事权益。本案中，张某东以余某国、李某焕与柳某虚构债权债务为由提起执行异议之诉，本质是要求否定作为执行依据的公证债权文书的效力，不属于案外人执行异议之诉的受理范围，因此对于张某东的起诉，本院予以驳回。

综上所述，根据《中华人民共和国民事诉讼法》第一百一十九条、《最高人民法院关于适用〈中华人民共和国民事诉讼法〉的解释》第三百一十二条之规定，裁定如下：

驳回张某东的起诉。

【法官后语】

第一，《中华人民共和国民事诉讼法》第二百二十七条的原判决、裁定是否包含公证债权文书？

根据《中华人民共和国民事诉讼法》第二百二十七条的规定，案外人执行异议之诉的诉讼请求应该与原判决、裁定无关，认为原判决、裁定错误的，依照审判监督程序办理。因此，案外人执行异议之诉不审查原判决、裁定是否正确。根据本法条，对原判决、裁定本身提出异议，不在案外人执行异议之诉的受理范围之内。本条仅提到了判决和裁定，对于公证债权文书本身提出异议能否适用该法条，尚有讨论空间。笔者认为对于该法条不能仅从字面去理解，应该结合案外人执行异议之诉的制度设计初衷以及该类案件审判焦点来综合判断公证债权文书能否被容纳在此法条之内。

为实现裁判文书所确定的债权，人民法院对债务人采取的强制执行措施可能会损害到案外人对执行标的物所享有的合法民事权益。为弥补公权力的实施可能造成的利益失衡，作为救济程序之一的案外人执行异议之诉制度被引入。案外人执行异议之诉案件要判断案外人对执行标的物是否享有权利、享有何种权利以及该权利能否足以排除强制执行。通过对上述三个问题的审理，进而判断案外人对执行标的物享有的权益能否阻止执行标的物的转让、交付，从而保护案外人的合法权益。因此，案外人执行异议之诉审理的焦点在于判断案外人对执行标的物民事权益的对抗性强度，并不涉及对作为执行依据的生效裁判文书的审理。公证债权文书与生效判决、裁定相同，是属于人民法院作为执行依据的法律文书，对于其是否存在与事实不符的问题不应属于案外人执行异议之诉案件的审查范围。

第二，案外人张某东是否有权就公证债权文书提出不予执行申请？

《最高人民法院关于人民法院办理执行异议和复议案件若干问题的规定》第十条规定了当事人不服驳回不予执行公证债权文书申请的裁定的，可以向上一级人民法院进行复议。此处的“当事人”，除包含公证债权文书的债权人、债务人外还包括哪些人？案外人是否被包含在这一主体之内？法律对这一问题并没有明确的规定。笔者认为，案外人不应成为不予执行公证债权文书的申请人及复议人，理由如下：

（1）从法律条文看。《中华人民共和国民事诉讼法》第二百三十八条第二款规定：“公证债权文书确有错误的，人民法院裁定不予执行，并将裁定书送达双方当事人和公证机关。”从该条款看，提出公证债权文书不予执行申请的主体为债权人和债务人。《最高人民法院关于适用〈中华人民共和国民事诉讼法〉的解释》第四百八十条第三款规定：“公证债权文书被裁定不予执行后，当事人、公证事项的利害关系人可以就债权争议提起诉讼。”该条规定的主体除债权人、债务人外还包括公证事项的利害关系人。有观点认为利害关系人包含案外人，但案外人与利害关系人是两个不同的法律术语，各自有着不同的法律含义。案外人并不是民事诉讼中的当事人，也不是利害关系人，它是民事执行程序中特有的主体。从目前的法律体系来看，并没有关于案外人针对公证债权文书错误提出申请进行救济的条文规定，我们不应该混淆法律概念，也不应对法律条文作任意扩大解释。

（2）从保护的利益主体看。人民法院对公证债权文书进行实质审查从而确定其是否具有强制执行效力的司法审查前置程序，目的是最大限度地保护公证债权文书当事人的合法权益，避免公证机构未对当事人之间的权利义务进行实质性审查所造成的权益损害。从《最高人民法院关于适用〈中华人民共和国民事诉讼法〉的解释》第四百八十条第一款关于对公证债权文书确有错误的认定情形的规定中也可以看出公证债权文书本身只是涉及公证债权人、债务人及利害关系人的利益，对于案外人的利益并不涉及，因此无利益即无救济。

（3）从诉的利益看。根据法律规定，法院裁定公证债权文书不予执行后，当事人、利害关系人可就公证债权文书中的债权债务关系提起诉讼以明确。案外人既非债权债务当事人也非利害关系人，不具备该民事诉讼中诉的利益，因此也无法成为该类诉讼的适格原告，达不到实现权利救济的目的。

综上，本案中的张某东无权对公证债权文书的执行与否提出异议，更不能通过执行异议之诉来否定公证债权文书的效力。

编写人：北京市怀柔区人民法院　李晓霞　李文玉

四、执行异议与执行异议之诉

14

案外人主张租赁权成立的条件

——胡某君与宋某军等案外人执行异议案

【案件基本信息】

1. 裁判书字号

北京市西城区人民法院（2019）京0102执异144号执行裁定书

2. 案由：案外人执行异议纠纷

3. 当事人

案外人：胡某君

申请执行人：宋某军

被执行人：郑某、罗某飞

【基本案情】

案外人胡某君称其为涉案房屋的合法承租人，目前仍在合理承租期限内，自己与郑某签订的房屋租赁合同发生在郑某与宋某军签订的房屋买卖合同之前，形成合法的阻却事由，申请法院依法中止强制向申请执行人宋某军交付涉案房屋。

申请执行人宋某军对胡某君所提异议中的承租关系不予认可，认为系胡某君与郑某恶意串通，以明显不合理的低价承租被执行的不动产。

北京市西城区人民法院查明，2017年6月13日，本院作出（2017）京0102民初56号民事判决。2017年12月28日，北京市第二中级人民法院作出（2017）京

02 民终 12199 号民事判决：驳回上诉，维持原判。诉讼中，无论一审期间还是二审期间，郑某均未提及涉案房屋租赁事宜。判决生效后，宋某军向本院申请强制执行，本院于2018 年1 月10 日以（2018）京0102 执465 号执行案件立案执行，同日向郑某下达执行通知书。

2018 年 12 月 10 日，胡某君向本院提交执行异议申请，请求中止执行行为。另查明，2016 年3 月21 日，郑某委托链家卖房时，链家进入房屋拍摄照片后上传链家App 进行挂牌出售，房屋使用状态为办公用房。2016 年3 月24 日，链家经纪人进入房屋拍摄各房间照片，房屋使用状态为办公用房。2016 年9 月8 日，房屋买受人宋某军签订合同前看房拍摄照片，房屋使用状态为办公用房。在与宋某军于 2016 年 9 月 13 日签订房屋买卖合同时，郑某曾在合同中明确表示“出卖人未将该房出租”。

听证中，胡某君称房屋租赁合同签订后并没有立即接受该房屋，房屋的状态是长期处于郑某所在公司的办公用房状态，因为郑某当时考虑出售房屋，双方关系本来不错，如果出售了就不再承租。一年后，大概天热的时候才开始使用该房屋。

【案件焦点】

1. 案外人胡某君主张的租赁权是否依法成立；2. 胡某君的租赁权能否排除强制执行。

【法院裁判要旨】

北京市西城区人民法院经审理认为：2016 年 9 月 13 日签订房屋买卖合同时，房屋使用状态为办公用房，郑某在合同中明确表示“出卖人未将该房出租”，胡某君称其与郑某签订房屋租赁合同后，其以郑某当时想出售房屋为由，没有立即入住，可以认定2016 年9 月 13 日房屋买卖合同签订时，即使胡某君与郑某于2016 年1 月 1 日签订了房屋租赁合同，但该租赁合同也并未实际履行。

2017 年 5 月 26 日后，胡某君对该房屋进行了改造使用，但对建筑面积为207.41 平方米的房屋，约定每月租金才 3000 元，明显大幅度低于市场价格，且租期自 2016 年 1 月 1 日起至 2035 年 12 月 31 日止共 20 年，胡某君所称租金价低是因为他是郑某开办公司的老员工，他身患肝病，郑某为照顾他，以及便于他女儿与崔某静之间进行业务合作，明显不具合理性，本院不予采信。

基于以上事实，对于宋某军主张胡某君与郑某构成恶意串通，以明显不合理的低价承租争议房屋，本院予以采信。无论胡某君对其提交的崔某静名下银行交易明细、微信聊天截图、五份缴费凭证，能否证实缴纳了租金、其他费用，均动摇不了宋某军该主张。对胡某君所申请法院应依法中止强制向申请执行人宋某军交付涉案房屋的请求，本院不予支持。依照《中华人民共和国民事诉讼法》第二百二十七条、《最高人民法院关于人民法院办理执行异议和复议案件若干问题的规定》第三十一条第二款之规定，裁定如下：

驳回胡某君的异议请求。

【法官后语】

承租人作为租赁合同的一方，所有权的任意性变动会导致其承租权的丧失，那么承租人的权利保障便无从谈起。基于"买卖不破租赁"的法律规定，人民法院在执行程序中同样要保护承租人的租赁权。但在执行程序中如何识别租赁权的真实性存在困难，尤其是容易产生被执行人与案外人通过倒签时间伪造租赁合同以干扰执行的问题，而案外人主张租赁权的异议成立，后续的"带租拍卖"执行措施可能对被执行不动产产生重大影响，进而影响申请执行人债权的实现，因此对于案外人主张承租权成立的条件应进行严格审查。需同时符合以下两个条件方能成立：其一，在法院查封之前已签订合法有效的书面租赁合同；其二，在法院查封之前承租人已占有、使用该不动产。在案外人异议案件的审查中，应该综合是否实际缴纳租金、租金是否严重偏离市场价格、缴纳方式是否符合一般交易习惯、物业管理缴费凭证等因素进行综合认定，以防止承租人与被执行人恶意串通拖延执行。在涉及房屋买卖及抵押登记的情形时，也可以参考相关合同中是否有关于房屋出租情况的表述。本案中，考虑到每月租金数额明显低于市场价格、一次性签订20年租赁合同、签订房屋买卖合同中明确表示"出卖人未将该房出租"、原一审及二审程序中均未提及出租事项等多项因素，认定胡某君的异议请求不成立。

根据《最高人民法院关于人民法院办理执行异议和复议案件若干问题的规定》第三十一条的规定，案外人承租在先的租赁权成立仍不能阻却拍卖等强制执行措施，其产生的法律后果是签署租赁协议及合法占有的承租人能在租赁期内阻止向受让人移交占有被执行人的不动产，即继续承租涉案房屋直至租赁期满。实践中，需要予以明确的是该项异议属于案外人针对执行标的提出的异议，执行法院应当对此进行立案审查，并作出裁定，不可直接认定租赁权成立并予以执行。为贯彻“执裁分离”原则，案外人异议案件应当由独立于执行实施部门的裁判部门进行审查；当事人如对审查结果不服可提起案外人异议之诉，通过异议之诉程序解决涉案房屋租赁权相关争议。

另外，在涉及不动产抵押情形时，租赁权成立的条件之一是订立抵押合同前抵押财产已出租，即租赁权成立的时间节点要同时满足在法院查封之前和在订立抵押合同之前两个要素，对于抵押权设立后出租抵押财产的，该租赁关系不得对抗已登记的抵押权。此时，承租人以对租赁物上设有抵押权不知情且自身善意为由主张权利的，亦不予支持。

执行程序中保护合法承租人的租赁权，是对案外人和申请执行人权益的平衡，实践中涉及案外人主张租赁权的异议案件情形复杂，在异议案件处理程序中应予以审慎对待、仔细甄别。

编写人：北京市西城区人民法院　张毅　赵颖

15

公司发起人资本充实责任的判定

——中新华达公司诉李某达执行异议之诉案

【案件基本信息】

1. 裁判书字号

北京市第一中级人民法院（2019）京01民终1208号民事判决书

2. 案由：执行异议之诉

3. 当事人

原告（上诉人）：中新华达公司

被告（被上诉人）：李某达

【基本案情】

2008年10月20日，赵某赞、王某、李某达、天星际公司共同签署天星昌达公司章程，约定四方共同出资300万元设立天星昌达公司，其中赵某赞承诺认缴出资20万元，在公司设立时实际缴付20万元；王某承诺认缴出资10万元，于2010年9月30日缴付；李某达承诺认缴出资10万元，于2010年9月30日缴付；天星际公司承诺认缴260万元，于公司设立时实际缴付40万元，于2010年9月30日前缴付220万元。上述章程签署后，天星昌达公司于2008年10月28日注册登记，注册资本为300万元（实收资本60万元，第二期出资时间为2010年9月30日）。在公司设立时，股东赵某赞实际出资20万元，王某未出资，李某达未出资，天星际公司实际出资40万元。

2014年9月19日，一审法院作出（2014）海民初字第724号民事判决，判决天星昌达公司返还中新华达公司人民币270万元并赔偿利息损失518400元。该判决生效后，因天星昌达公司未履行付款义务，中新华达公司向该院申请强制执行。在上述案件执行过程中，中新华达公司请求追加天星际公司、王某、李某达为该案被执行人，在审查期间，由于李某达将未实际缴纳的出资10万元直接给付了中新华达公司，中新华达公司向该院撤回了追加李某达为被执行人的申请。此后，因天星昌达公司无财产可供执行，该案不具备继续执行之条件，终结此次执行程序。

后中新华达公司又以天星昌达公司股东李某达作为公司发起人股东应对公司其他未出资到位股东在出资不实的220元范围内承担连带责任为由，向该院申请追加李某达为执行案件的被执行人。一审法院于2017年10月20日作出（2017）京108执异410号执行裁定，以中新华达公司上述申请没有法律依据为由，裁定驳回了其追加请求。中新华达公司不服该裁定，提起本案诉讼。

中新华达公司向一审法院起诉请求：追加李某达为（2014）海民初字第724号民事判决项下执行案件的被执行人，对被执行人天星际公司在天星昌达公司出资不实的220万元内对上述判决项下所负债务承担连带清偿责任。

【案件焦点】

公司发起人李某达是否应就其他发起人未履行的出资义务承担连带责任。

【法院裁判要旨】

北京市海淀区人民法院经审理认为，天星际公司作为天星昌达公司的发起人，依据公司章程的约定，其对天星昌达公司的出资分两期缴纳，现其已足额认缴了在公司设立时承诺的第一期出资。虽天星际公司在公司设立后未按期认缴第二期出资，但该事由不符合相关司法解释中关于发起人对公司设立时未履行或者未全面履行出资义务的股东在未到位资金范围内承担连带责任的规定，故中新华达公司的诉讼主张，缺乏事实及法律依据，一审法院驳回了中新华达公司追加李某达为被执行人的诉讼请求。

中新华达公司不服一审判决，上诉至二审法院。北京市第一中级人民法院经审理认为，结合《公司法》第九十三条第一款，对《最高人民法院关于适用〈中华人民共和国公司法〉若干问题的规定（三）》第十三条第三款进行解读，发起人的资本充实责任范围应当与公司设立时股东在公司章程中承诺的出资义务一致，而不论该出资系在某一时间节点的一次性出资还是分期出资。具体到本案中，2008 年 10 月 20 日，赵某赞、王某、李某达、天星际公司共同签署天星昌达公司章程，约定四方共同出资 300 万元设立天星昌达公司，其中天星际公司承诺认缴 260 万元，于公司设立时实际缴付 40 万元，于 2010 年 9 月 30 日前缴付 220 万元。其后，天星际公司并未按照公司设立时承诺的期限与数额缴纳第二期的出资，因此，李某达作为签署该公司章程的公司发起人，应当承担相应的连带责任。因此，二审法院判决如下：

一、撤销北京市海淀区人民法院（2017）京 0108 民初 55284 号民事判决；

二、追加李某达为（2014）海民初字第 724 号民事判决项下执行案件的被执行人，在天星际公司未依法出资的 220 万元范围内，对天星昌达公司债务不能清偿部分的补充赔偿责任承担连带责任。

【法官后语】

本案争议焦点是公司发起人李某达是否应就其他发起人未履行的出资义务承担连带责任，更进一步而言，我们需要探讨的问题是公司发起人的资本充实责任内容与范围。

（一）问题的聚焦

《最高人民法院关于适用〈中华人民共和国公司法〉若干问题的规定（三）》第十三条第三款规定："股东在公司设立时未履行或者未全面履行出资义务，依照本条第一款或者第二款提起诉讼的原告，请求公司的发起人与被告股东承担连带责任的，人民法院应予支持；公司的发起人承担责任后，可以向被告股东追偿。"关于本条款的适用，存在不同的理解。一种观点认为，法条的行文表述上存在时间状语"在公司设立时"，那么，应当仅审查该时间点对应的出资义务是否履行完毕。比如，本文案例中，一审法院认为，天星际公司虽然承诺认缴出资额共计260万元，但于公司设立时仅缴付40万元，所以，只需要考察这40万元是否出资到位。另一种观点认为，该条款不能机械适用，应当审查公司设立时股东在公司章程中承诺的全部出资义务。以本案二审法院观点为例，天星际公司在公司设立时做出的承诺为分期认缴，设立时40万元，于2010年9月30日前再缴付220万元。那么，应当整体把握其出资义务。

（二）话题的展开

法律责任源于责任主体的义务，而义务又以主体的法律地位为依托。公司发起人是公司设立过程中所产生的权利义务的主要承担者，公司设立后即成为公司的原始股东，其对应着公司法上的一种特殊的民事责任制度——资本充实责任。资本充实责任是指为贯彻资本充实原则，由公司设立者共同承担的相互担保出资义务履行的民事责任。①

以资本充实责任的特点出发，可以梳理出同一脉络下与公司相关纠纷案件的处理思路。具体而言：(1) 从主体上来看，该责任因公司设立行为所产生，所以，其承担者仅限于公司发起人。在公司成立后，因公司增资扩股或股权转让等事由获得公司股东身份的主体，不再承担该责任。同理，该责任源于发起人身份，不论此后股权是否转出，并不影响其作为发起人的义务承担。(2) 从主观上来看，资本充实责任属于无过错责任，不论发起人是否存在过错，只要公司存在未足额缴纳出资款的客观事实即可。(3) 从责任承担的方式来看，全体公司发起人对任一主体非足额

---

① 最高人民法院民事审判第二庭编著：《最高人民法院关于公司法司法解释（三）、清算纪要理解与适用》，人民法院出版社，第210页。

出资的事实均承担连带责任，但责任承担后，基于发起人之间的合同约定（公司章程）及公平原则，既可以向未足额出资方追偿，亦可以向其他方要求责任分担。(4) 从内容上来看，其重点落在公司发起人对违反出资义务的其他发起人的监督义务上，其并非违反出资义务股东所承担的出资违约责任。例如，虽然本案当事人李某达抗辩自己足额补缴了出资，但仍然需要对其他公司发起人未足额出资部分承担连带责任。

（三）具体案例的辨析

仍然回到本案中。首先，我们需要考虑公司发起人的资本充实责任是否与公司认缴制存在冲突。以一审判决为代表的，持第一种观点者认为：《最高人民法院关于适用〈中华人民共和国公司法〉若干问题的规定（三）》施行于2011年，但2013年年末，我国公司法资本制度改革并确立了完全认缴制的新格局，取消了最低注册资本和首要出资的要求。因此，在新格局之下，对股东或发起人的出资义务要求降低，应当仅对争议法条做字面解释。我们则认为，“资本之于企业有如血液之于人体，人体缺乏血液，生命不能存在，企业没有资本，其生产经营活动将无法启动或运营”①。公司认缴制仅是将股东的出资义务延伸至股东承诺的远期出资义务，但并不意味着公司法认可公司开出无须兑现的空头支票，更不能允许公司发起人借由认缴制的外衣，丢失公司资本三原则或是发起人对外的诚信原则，对自己的承诺以及法定的义务予以涤除。

其次，从裁判文书的指引作用来判断。倘若我们按照第一种观点审查，仅考虑天星际公司在设立时的出资额情况，那么，社会公众从该份判决中可以得出这样一个结论：公司章程中只要约定的出资义务不在设立时，则可以完全排除发起人之间相互监督、保持公司资本充实的连带责任。商人都是追逐利益最大化，公司发起人只要稍微将承诺的出资义务期间进行调整，《最高人民法院关于适用〈中华人民共和国公司法〉若干问题的规定（三）》第十三条第三款即被架空。相反，倘若按照第二种观点予以审查，公司发起人义务与其公司章程中承诺的金额、期间一一对应，从而衡平了公司股东的有限责任与债权人交易安全，有利于夯实现代商业社会的诚信基石。

---

① 施天涛：《公司法论》，法律出版社2005年版，第195页。

最后，从股份公司相关法条予以推定。《中华人民共和国公司法》第九十三条第一款规定："股份有限公司成立后，发起人未按照公司章程的规定缴足出资的，应当补缴；其他发起人承担连带责任。"最高人民法院就《关于适用〈中华人民共和国公司法〉若干问题的规定（三）》答记者问时明确：将《中华人民共和国公司法》第九十三条第一款对股份公司场合中其他发起人的连带出资义务也适用到有限责任公司场合，即有限责任公司股东如果未按章程规定缴纳出资的，发起人股东与该股东承担连带责任。具体到本案中，天星际公司在设立时的公司章程承诺认缴260万元，于公司设立时实际缴付40万元，于2010年9月30日前缴付220万元。截至本案诉讼中，天星际公司也并未如期、足额缴纳第二期的出资款，因此，李某达作为签署该公司章程的公司发起人，应当承担相应的连带责任。

综上所述，发起人的资本充实责任范围应当与公司设立时股东在公司章程中承诺的出资义务相一致，而不能仅以"公司设立时"这一具体时间节点的承诺出资额为限。

编写人：北京市第一中级人民法院　杨力

16

股东在违法减资范围内对公司债务承担补充责任

——时新公司诉谭某、银隆伟特公司执行异议之诉案

【案件基本信息】

1. 裁判书字号

北京市第三中级人民法院（2019）京03民终15484号民事判决书

2. 案由：执行异议之诉

3. 当事人

原告（申请执行人、被上诉人）：时新公司

被告（案外人、上诉人）：谭某

被告（被执行人、上诉人）：银隆伟特公司

【基本案情】

2010 年 8 月 10 日，银隆伟特公司设立。2014 年 3 月 6 日，银隆伟特公司注册资本由 500 万元增加至 1000 万元，股东谭某增资 500 万元，出资时限为 2019 年 12 月 31 日。

2018 年 9 月 25 日，生效法院判决：银隆伟特公司于本判决生效后七日内支付时新公司 70 万元。

在该案执行过程中，时新公司与银隆伟特公司达成执行和解协议，银隆伟特公司仅支付 10 万元后未再履行执行和解协议。时新公司于 2019 年 3 月 26 日申请恢复执行，但银隆伟特公司未清偿剩余债务。2019 年 5 月 15 日，时新公司提出执行异议，申请追加谭某等作为被执行人。2019 年 6 月 29 日，法院驳回时新公司的申请。时新公司不服提起本诉。

另查，银隆伟特公司在工商部门备案的 2019 年 3 月 5 日和 2019 年 6 月 2 日股东会决议，将注册资本由 1000 万元减少至 500 万元，由谭某减少出资 500 万元。2019 年 6 月 2 日，银隆伟特公司工商登记的注册资本由 1000 万元变更至 500 万元。

银隆伟特公司工商登记备案材料中有其在《北京晚报》刊登的减资公告一份。时新公司称未收到银隆伟特公司的减资通知。银隆伟特公司未提交证据证明其编制了资产负债表、财产清单，未提交证据证明将减资情况直接通知时新公司。

【案件焦点】

1. 银隆伟特公司减少注册资本行为的性质；2. 谭某认缴出资义务是否加速到期；3. 谭某承担责任的形式及内容。

【法院裁判要旨】

北京市顺义区人民法院经审理认为：银隆伟特公司减少谭某认缴出资额的行为严重违反法定程序。其一，未有证据显示银隆伟特公司编制了资产负债表及财产清单。其二，未有证据显示银隆伟特公司通过合理方式通知已知债权人时新公司。其三，银隆伟特公司未清偿时新公司债务或提供担保。其四，在明知公司对外负有到期未偿还债务的情况下仍向登记机关作出虚假陈述，并将公司注册资本从 1000 万元减至 500 万元。银隆伟特公司股东谭某、杨某芳以股东会减资决议形式免除了谭某认缴但尚未履行的出资义务，且未依法向时新公司履行通知义务，使其丧失要求银隆伟特公司清偿债务或提供担保的机会。在法院执行银隆伟特公司之时、认缴期马上届满之际，谭某减持 500 万元，恶意逃避出资义务明显，其行为严重损害时新公司利益，本院认为谭某未全面履行出资义务，应在 500 万元范围内对银隆伟特公司债务承担补充赔偿责任。

北京市顺义区人民法院判决：追加被告谭某为被执行人，由被告谭某在 500 万元范围内承担补充赔偿责任。

被告银隆伟特公司、谭某不服一审判决，提出上诉。

北京市第三中级人民法院经审理认为：银隆伟特公司作出减少注册资本的股东会决议时处于其与时新公司执行和解协议的履行期限，且此时银隆伟特公司已经迟延履行执行和解协议约定的支付款项义务并后续再未履行。虽然作出了减少注册资本的股东会决议并在报纸上进行了公告，但银隆伟特公司并未提交证据证明其按照法定程序编制了资产负债表并通知了已知债权人时新公司，故应当认定银隆伟特公司减少注册资本的行为存在恶意并损害了时新公司的利益。公司恶意减少认缴出资侵犯债权人利益，而债权人对该出资具有确信和依赖，债权人可以主张股东的出资义务加速到期。银隆伟特公司存在恶意减少注册资本之情形且谭某已经丧失认缴出资的期限利益，故谭某应当在其未足额缴纳的 500 万元范围内承担责任。

北京市第三中级人民法院判决：

驳回上诉，维持原判。

【法官后语】

公司资本是评价其经济实力的重要指标，构成相对人信赖交易的基础，认缴登记的出资是公司股东将来投入的资本，是公司对外偿债能力的保障。

公司减资是指公司依法对已经注册的资本通过一定的程序进行削减的法律行为。在依法减资的情况下，公司按规定提前清偿债务或提供担保，债权人利益可以得到有效维护。在公司违法减资时，公司的减资决议不应对抗未清偿债务或未对其提供担保的公司债权人。因该情形下，股东通过公司股东会减资决议恶意减少个人出资，相当于公司放弃即将到期的对股东的债权，严重损害公司债权人利益，基于债权人撤销权理论，善意债权人有权请求撤销。在减资决议不对抗善意债权人情况下，股东减持的认缴的出资是否加速到期呢?

《中华人民共和国企业破产法》第三十五条规定:“人民法院受理破产申请后，债务人的出资人尚未完全履行出资义务的，管理人应当要求该出资人缴纳所认缴的出资，而不受出资期限的限制。”《最高人民法院关于适用〈中华人民共和国公司法〉若干问题的规定（二)》第二十二条第一款规定:“公司解散时，股东尚未缴纳的出资均应作为清算财产。股东尚未缴纳的出资，包括到期应缴未缴的出资，以及依照公司法第二十六条和第八十条的规定分期缴纳尚未届满缴纳期限的出资。”上述规定，适用于公司破产或清算情形下，股东出资加速到期。《全国法院民商事审判工作会议纪要》规定了两种非破产、清算情形股东出资加速到期，即公司作为被执行人的案件，人民法院穷尽执行措施无财产可供执行，已具备破产原因，但不申请破产的；在公司债务产生后，公司股东（大）决议或以其他方式延长股东出资期限的。

现行法律法规对违法减资时股东如何承担责任没有明确规定，个案认定减资股东出资加速到期，应持审慎态度。在破产情形下，股东应向公司缴纳出资，加速到期出资属于破产财产，实际利益最终归于全体债权人，全体债权人按照财产分配方案取得应得财产。非破产或清算情况下，如认定股东出资加速到期，加速到期的出资利益最终归于对公司股东提起诉讼的个别债权人。如何在全体债权人利益和个别债权人利益中寻找平衡?在审判实践中需深入思考、仔细辨别。如果坚决维护全体债权人利益，则个别债权人需要启动复杂、冗长的破产清算程序，效率无法保障，陷入“迟来的正义即非正义”困境。如果个别债权人可以随意“个别清偿”，则其他债权人利益无法保护。

《最高人民法院民事审判第二庭法官会议纪要》中强调如债权人对股东未届出资期限的出资额产生高度确信和依赖时，股东出资加速到期。本案中，债权人对股东未届期限的出资享有信赖利益，且执行程序中公司亦无财产可以执行，由此确认股东出资加速到期。

编写人：北京市顺义区人民法院　张翔鹏

17

股权代持中的隐名权利人是否有足以排除强制执行的权益

——张某诉潘某、陆某执行异议之诉案

【案件基本信息】

1. 裁判书字号

重庆市第二中级人民法院作出（2020）渝02民终382号民事判决书

2. 案由：执行异议之诉

3. 当事人

原告（上诉人）：张某

被告（被上诉人）：潘某、陆某

【基本案情】

2006年，张某与潘某签订《参股协议》，约定由张某投股到某烟花爆竹工艺厂，同时约定张某在潘某名下持股，张某股份占全厂的5%，占潘某股份的50%，并对参与经营管理、股权转让等事宜进行了约定。该烟花爆竹工艺厂改制为烟花爆竹有限公司后，由于公司章程约定股东入股需达到10%才能进行工商登记，于是潘某登记为该公司股东之一，张某继续在潘某名下持股。2014年，该公司修改章程，持股5%的股东即可纳入工商登记。2015年，张某预备变更登记，其他股东均签字认可，由于潘某拒绝签字，张某未成功办理股东变更登记手续，因此张某于2017年起诉请求确认其与潘某于2006年签订的《参股协议》有效，该案生效判决确认该《参股协议》有效，张某享有潘某在该烟花爆竹公司10%股权中的50%。另案中，法院确认潘某应偿还陆某借款50000元及利息，判决生效后，申请执行人陆某申请执行潘某在案涉烟花爆竹有限公司的基于其10%股权的企业转型补偿款，张某提出执行异议，认为潘某名下企业补偿款的一半应归其所有。

【案件焦点】

本案争议的核心焦点在于张某作为股权实际出资人即隐名股东的权益能否排除第三人对显名股东潘某的执行。

【法院裁判要旨】

重庆市梁平区人民法院经审理认为，虽经生效判决确认张某与潘某间的《参股协议》有效，张某享有潘某所持烟花爆竹有限公司的10%股权的50%，但根据商事外观主义原则，对于外部第三人而言，股权登记具有公信力，隐名股东对外不具有公示股东的法律效力，不得以参股协议有效而对抗外部债权人对显名股东的正当权利，张某并未依法向公示登记机关对其股权进行变更登记，张某享有的民事权益不能排除强制执行。且物权的设立和转让，自交付时发生法律效力，但法律另有规定的除外。货币系一般等价物的特殊商品，具有高度替代和流通等属性，货币一旦交付，所以权即发生转移。一审法院判决：驳回张某诉讼请求。

张某不服，提起上诉。重庆市第二中级人民法院经审理认为：根据工商行政管理机关的登记和企业信用信息系统显示，案涉烟花爆竹有限公司的10%股权确系登记在潘某名下。根据《中华人民共和国公司法》及其司法解释的规定，股权变更后，公司内部应当对股东名册及出资额进行相应变更，股东可依据变更后的股东名册记载行使股东权利，张某并未完成变更登记，因而未实际取得案涉股权。因此，根据商事外观主义和物权公示主义推导出的公司股权实际权利人与善意第三人的对抗原则，隐名股东在公司对外关系上不具有显名股东的法律地位，不能以其与显名股东间的内部约定对抗公司的外部债权人主张对显名股东的主张权利。另外，经生效判决确认的张某与潘某之间的《参股协议》系有效协议，该判决的实质为确认张某与潘某之间的合同权利义务，而非对案涉股权所有权的确认，张某基于该协议取得的实际权益是基于合同之债而非基于公司法的规定。综上，张某的权益不能排除强制执行。

【法官后语】

该案例中讨论的情形，通常是显名股东（名义出资人）的债权人，基于其与显名股东的交易法律关系，申请法院对显名股东所持有的争议股权予以强制执行，该股权的实际出资人请求排除强制执行。此种情形下，执行异议人认为自己具有股东权利“显名化”权益，且该权益足以排除强制执行。对于代持股异议纠纷情形，人民法院一般认为隐名股东不能排除强制执行，主要根据以下几个因素考量：

（一）股份代持合同的相对性

股份代持法律关系归根结底是一种债权债务法律关系，代持股合同即合同之债，是显名股东与隐名股东的内部约定，受合同相对性原则的约束。实际投资人的权益是基于合同之债而享有的，不对合同相对人以外的第三人产生效力。在公司对外关系上，显名股东具有公司股东的法律地位，隐名股东不能以其与显名股东的内部约定对抗显名股东的合法债权人。

（二）商事外观原则与善意第三人信赖利益保护

法律是为纷繁复杂的世界定下明确的规则指引，对于更加复杂多变的商事行为，商事外观原则是对遵守交易规则的善意第三人信赖利益的保护。交易行为的效果应以交易当事人行为外观为准，如果隐名股东能够根据显名股东的代持股协议对抗外部善意第三人（债权人），那么无疑会对第三人课以过于严格的义务，要求第三人在进行商事交易时必须查清相对人权利义务负担的所有情况，这无疑会增加交易成本、强化交易不稳定性，与市场经济的健康发展的目标背道而驰。通过商事外观原则保护善意第三人也体现了司法维护交易安全、降低交易成本的政策理念。

（三）隐名股东应承担的代持股交易的商业风险

自由不是无限制的自由，隐名股东基于各种原因选择隐于显名股东身后进行商事活动，代持股行为从诞生之日起就充满未知的商业风险，隐名股东与显名股东都应是知晓该风险的，既如此，在享受股东权利且不用承担股东义务的同时，隐名股东也需要承担不能对抗外部善意第三人的商业风险，更别提在特殊场合，如持有上市公司股份、商业银行股权等情形下，代持股行为本身就是不被法律许可的。当然，一般情形下，若是隐名股东提起确认股东资格之诉，且按照相应程序“显名化”则另当别论。

（四）隐名股东的损害有其相应的法律救济机制

既然隐名股东是基于合同之债对显名股东享有权益，那么在其权益不能排除第三人提起强制执行之时，自然可以通过其与显名股东的股权代持约定以及信托、委托等法律制度主张损害，获得救济。隐名股东在执行异议之诉中走不通的路，可以依靠另外的法律制度去请求显名股东进行赔偿。

编写人：重庆市第二中级人民法院　付丽姝

18

离婚后一方对未办理所有权登记手续房屋享有实体权利的判断

——农行锦江支行诉袁某华、姜某文申请执行人执行异议之诉案

【案件基本信息】

1. 裁判书字号

四川省成都市锦江区人民法院（2019）川 0104 民初 5228 号民事判决书

2. 案由：申请执行人执行异议之诉

3. 当事人

原告：农行锦江支行

被告：袁某华、姜某文

【基本案情】

2005 年 11 月 16 日，袁某华与姜某文登记结婚。2007 年 11 月 29 日，袁某华与姜某文以按揭贷款方式购买位于简阳市简城镇建设西路 × 楼 × 号房屋。2009 年 6 月 22 日，袁某华与姜某文办理该房屋所有权登记（业务件号：090117102）。登记所有权人为姜某文与袁某华，共有方式为共同共有。

2013 年 9 月 16 日，袁某华与姜某文登记离婚。离婚时，双方签订《离婚协议》，约定位于简阳市简城镇建设西路 × 楼 × 号的房屋归女方所有；姜某文每月支付两个孩子生活费 3000 元；姜某文如对外负有债务，由姜某文自行承担，与袁某华无关。

离婚后，案涉房屋由袁某华母子居住使用。2019 年 1 月 11 日，袁某华提前结清了上述案涉房屋的按揭贷款。

2018 年 11 月 31 日，成都市锦江区人民法院（以下简称锦江区人民法院）对

农行锦江支行与姜某文信用卡纠纷一案作出（2017）川0104民初7890号民事判决，确认截至2017年7月19日，姜某文欠农行锦江支行信用卡本金25273.62元及利息、滞纳金等款项，判决姜某文归还农行锦江支行本金25273.62元及利息、滞纳金等。该判决发生法律效力后，农行锦江支行向锦江区人民法院申请强制执行。锦江区人民法院于2018年11月16日作出（2018）川0104执4370号执行裁定，查封姜某文与袁某华共同共有的位于简阳市简城镇建设西路×楼×号的房屋。袁某华提出执行异议，锦江区人民法院于2019年3月12日作出（2019）川0104执异13号执行裁定，裁定中止对案涉房屋的执行。

【案件焦点】

离婚协议中约定将登记在双方名下的房屋，归属一方所有并为其实际占有，但并未办理所有权转移登记，人民法院因另一方的债务对于登记在双方名下的房屋实施强制执行时，一方以其为权利人为由，提出执行异议，能否排除执行。

【法院裁判要旨】

四川省成都市锦江区人民法院认为，袁某华与姜某文达成《离婚协议》，约定案涉讼争房屋归袁某华所有，不违反法律、行政法规的强制性规定，双方已依该协议，解除婚姻关系；该协议产生于法院对案涉讼争房屋执行查封之前，无证据证明袁某华与姜某文存在恶意串通、逃避债务的主观恶意。依据该协议，袁某华享有将讼争房屋的所有权变更登记至其名下的请求权。从成立时间上看，该请求权远远早于农行锦江支行对姜某文因信用卡纠纷所形成的金钱债权；从内容上看，袁某华的请求权针对特定的财产，农行锦江支行的请求权并未指向特定的财产；从性质上看，农行锦江支行与姜某文之间的金钱债权，系姜某文与袁某华婚姻关系解除后发生，属于姜某文的个人债务；从发生的根源上看，双方离婚时，约定诉争房屋归袁某华所有，该房屋具有为袁某华及其子女维持生活必需、提供生活保障的功能。与农行锦江支行的金钱债权相比，袁某华享有的请求权在伦理上具有一定的优先性。另外，参考《最高人民法院关于人民法院办理执行异议和复议案件若干问题的规定》第二十八条规定之精神，袁某华与姜某文所签订之《离婚协议》，在人民法院对案涉讼争房屋查封之前；在人民法院查封之前，袁某华已合法占有该不动产；在双方签订《离婚协议》时，因案涉诉争房屋系以按揭贷款方式购买，并不具备办理产权过户登记的条件，现姜某文下落不明，未办理案涉诉争房屋产权过户登记并非袁某华自身原因导致。故作为离婚中无过错配偶一方的袁某华对约定房产的物权期待权，亦应优先于农行锦江支行的金钱债权。因此，袁某华对案涉讼争房屋享有足以阻却执行的实体权利。

锦江区人民法院依照《最高人民法院关于适用〈中华人民共和国民事诉讼法〉的解释》第三百一十三条之规定，作出如下判决：

驳回原告农行锦江支行的诉讼请求。

【法官后语】

在执行异议之诉中，双方离婚协议对于房屋所有权的约定能否对抗申请执行人。对此，司法实践中，有两种意见，一种意见认为，离婚协议中已经约定了登记在夫妻双方名下的房屋所有权归属一方所有，但未办理所有权转移登记。人民法院因另一方作为被执行人的金钱债务对于登记在双方名下的房屋实施强制执行时，一方以其为权利人为由，提出执行异议，请求排除执行的，人民法院不予支持。另一种意见认为，离婚协议中约定将登记在双方名下的房屋，归属于一方所有并为其实际占有，但并未办理所有权转移登记，人民法院因另一方作为被执行人的债务对登记在双方名下的房屋实施强制执行时，一方以其为权利人为由，提出执行异议，请求排除执行，人民法院应予支持。双方存在恶意串通逃避债务情形的除外。

笔者认为，要确定双方离婚协议对于房屋所有权的约定能否对抗申请执行人，关键要看双方是否存在恶意逃避债务的情形，案外异议人对未办理案涉房屋所有权登记是否存在过错。主要应从以下几个方面进行审查：一是要审查离婚协议成立时间是否在申请人金钱债权确定之前，以及离婚协议的成立时间与申请人金钱债权形成的时间间隔；二是要审查约定享有房屋权属一方是否实际占有、使用房屋，另一方是否在案涉房屋居住；三是要审查在离婚协议中，取得房屋的一方是否对另一方给予补偿，财产分割是否合理，后续按揭贷款是否由取得房屋一方偿还；四是要审查未办理所有权转移登记的原因。通过对上述几方面的审查，如能够排除双方存在恶意逃避债务的情形，从内容看，则认为约定取得房屋一方的案外异议人所享有的将案涉房屋的所有权变更登记至其名下的请求权，系指向特定的财产，而申请人的债权请求权并未指向特定的财产；从性质上看，在该请求权成立之后，诉争房屋实质上已经因双方之间的约定而不再为被执行人的责任财产，诉争房屋并未影响到被执行人的责任财产；从发生的根源及保障功能上看，案外异议人因离婚取得诉争房屋，该房屋具有为其及子女维持生活必需、提供生活保障的功能，在伦理上具有优先性。另外，从《最高人民法院关于人民法院办理执行异议和复议案件若干问题的规定》第二十八条规定的执行法院应在一定条件下保护无过错不动产买受人的物权期待权精神看，作为离婚中无过错配偶一方对约定房产的物权期待权，亦应优先于申请人的金钱债权。综上，可认定离婚协议中约定取得房屋一方对诉争房屋享有足以阻却执行的实体权利。本案的判处，为司法实践中此类执行异议之诉案件的处理，提供了思路。

编写人：四川省成都市锦江区人民法院 王多军

19

融资租赁合同约定租赁物由出租人所有时，出租人的所有权足以排除强制执行

——仲利公司诉李某森、五加公司案外人执行异议之诉案

【案件基本信息】

1. 裁判书字号

北京市顺义区人民法院（2019）京0113民初5269号民事判决书

2. 案由：案外人执行异议之诉

3. 当事人

原告：仲利公司

被告：李某森、五加公司

【基本案情】

北京市顺义区人民法院经公开审理查明：2013年12月31日，仲利公司与五加

公司签订买卖合同，约定仲利公司向五加公司购买设备若干并出租予五加公司，价款为4465000元，自签约之日起，标的物之所有权移转仲利公司，同时视作标的物由仲利公司适当交付五加公司，并由五加公司予以验收。

2013年12月31日，仲利公司与五加公司签订租赁合同，约定了租赁物及租赁期间、租金数额等事项，并约定“租赁物之交付与验收依下列方式为之：(一) 出卖人负责直接将租赁物交付承租人。……十四、租赁物之返还。本合同终止或出租人根据本合同收回租赁物时，承租人应承担一切风险及费用，将租赁物回复原状，并送至出租人指定地点，返还予出租人。……二十一、优先购买权。若租赁事项表格中标明优先购买权及购买价格时，本合同租赁期满时，若没有承租人违约发生或正在继续，则承租人有权以标明之购买价格取得租赁物所有权。承租人付清上述购买价款时，租赁物将按届时状态转为承租人所有，优先购买价格：人民币0元”。

2013年12月31日，五加公司向仲利公司出具《租赁物交付与验收证明书》，确认租赁合同中所有设备已交付五加公司。后五加公司未足额支付租金，仲利公司向法院提起诉讼，法院于2015年12月10日判决五加公司给付仲利公司租金158万元以及利息、违约金。

李某森于2018年向五加公司提起诉讼，本院于2018年4月18日作出民事判决，判决五加公司给付李某森食堂补贴及餐费共计49808元。执行过程中，本院分别作出执行裁定书，裁定查封并拍卖被执行人名下机器设备。

执行过程中，仲利公司提出书面异议。本院审查后作出执行裁定，驳回案外人仲利公司的异议请求。后仲利公司向本院提起诉讼，故形成本案。

【案件焦点】

售后回租型融资租赁合同关系中，出租人对于租赁物所享有的权利是否可以排除强制执行。

【法院裁判要旨】

北京市顺义区人民法院经审理认为：本案中，买卖合同及租赁合同均明确机器设备系仲利公司根据五加公司的选择出资购买，租赁合同中约定五加公司向仲利公司交付租金，仲利公司将机器设备交付五加公司使用收益，故本院认定仲利公司与五加公司之间形成的法律关系为售后回租型融资租赁合同关系。

在融资租赁合同中，租赁期间届满租赁物的归属，应以约定为先。综合合同条款内容，可以看出对租赁物的所有权归属，双方以承租人是否违约为条件进行了区分性的约定。在承租人违约时，租赁物的所有权归属于出租人。现生效判决已经认定五加公司构成违约，故依据双方约定，机器设备所有权应归属于出租人仲利公司。

本案中，仲利公司对于23台机器设备享有的权利为物权中的所有权，足以排除李某森因债权申请的强制执行。北京市顺义区人民法院依照《中华人民共和国合同法》第一百三十三条、第二百三十七条、第二百五十条，《中华人民共和国物权法》第二十三条、第二十七条，《中华人民共和国民事诉讼法》第一百四十四条，《最高人民法院关于适用〈中华人民共和国民事诉讼法〉的解释》第三百一十一条、第三百一十二条，《最高人民法院关于审理融资租赁合同纠纷案件适用法律问题的解释》第二条，《最高人民法院关于人民法院办理执行异议和复议案件若干问题的规定》第二十四条的规定，作出如下判决：

一、对（2018）京0113执3792号、（2018）京0113执3792号之一及（2018）京0113执3792号之二执行裁定查封并拍卖的机器设备中的二十三台机器设备停止执行；

二、确认（2018）京0113执3792号、（2018）京0113执3792号之一及（2018）京0113执3792号之二执行裁定查封并拍卖的机器设备中的二十三台机器设备为原告（执行案外人）仲利国际租赁有限公司所有；

三、驳回原告（执行案外人）仲利国际租赁有限公司其他诉讼请求。

【法官后语】

本案主要的争议焦点在于两个法律问题的判断，一是仲利公司与五加公司之间法律关系的类型，二是仲利公司享有的实体权利是否足以排除强制执行。

第一个问题涉及融资租赁合同与借款合同、买卖合同等相关法律关系的区分。融资租赁作为仅次于银行业、信托业的融资方式，一直处于一种蓬勃发展的状态。随着行业的发展和创新，融资租赁合同纠纷日益呈现类型新、复杂性高的特点。融资租赁的交易模式主要为直租和售后回租，而售后回租被法律明确认可后，更是呈现出强劲的发展态势。售后回租作为现实生活中融资租赁的一种特殊模式，是指承租人将其自制或外购的资产出售给出租人，然后从出租人处租回使用。在司法实践中，法院审理此类案件主要适用《中华人民共和国合同法》（现为《中华人民共和国民法典》）及《最高人民法院关于审理融资租赁合同纠纷案件适用法律问题的解释》的相关规定。在售后回租业务中，由于出卖人和承租人是同一人，合同关系的定性以及租赁物的所有权是否发生实际转移是案件审理中较为常见的两个争议焦点。融资租赁交易具有融资和融物的双重属性，缺一不可。如无实际租赁物或者租赁物所有权未从出卖人处转移至出租人或者租赁物的价值明显偏低无法起到对租赁债权的担保，应认定该类融资租赁合同没有融物属性，仅有资金空转，系以融资租赁之名行借贷之实，应属借款合同。

第二个问题涉及案外人执行异议之诉中对于各种权利的审查和甄别原则。执行异议之诉中，要判断当事人主张的民事实体权利是否具有阻却执行的效力，需要在对执行标的物上实体权利类型查明的基础上，对案外人实体权利与申请执行人债权发生冲突时，作好法律上的评价，进而对执行标的物的权属以及是否符合继续执行条件作出判断。首先要坚持实质审查原则。《最高人民法院关于人民法院办理执行异议和复议案件若干问题的规定》确立了“以形式审查为主，实质审查为辅”的案外人异议程序审查原则，以强调案外人异议程序侧重效率的价值取向。基于此，执行异议之诉应当坚持实质审查原则，以纠正民事执行机构因表面权利判断规则可能带来的执行错误，充分保障案外人作为实际权利人的合法权益。本案中涉及的标的物是动产，对于动产物权的判断，在可能出现名义权利人与实际权利人不一致的情况时，不能仅依据权利外观表象即作出裁判，而要根据融资租赁合同中的约定，确认标的物所有权的实际归属，否则将会使执行异议之诉制度目的落空。其次要坚持权利甄别原则。执行异议之诉案件涉及权利义务关系相对复杂，应当按照实体法的规定，严格做好权利甄别。在正确认定相关权利属于物权还是债权、是否具有优先权属性等基础上，按照物权优先于债权、法律规定的特殊债权优先于普通债权的原则，正确处理纠纷。本案中，根据合同约定，案外人对于标的物享有的是物权中的所有权，故应当优先于申请执行人的债权。

编写人：北京市顺义区人民法院　牛佳雯　王耀飞

20

执行依据生效之后发生的政策重大调整足以影响判决公正执行的，被执行人可通过执行异议程序进行救济

——万某桂、肖某与杨某梅执行异议案

【案件基本信息】

1. 裁判书字号

上海市宝山区人民法院（2019）沪0113执异176号执行裁定书

2. 事由：排除执行异议

3. 当事人

异议人（被执行人）：万某桂、肖某

申请执行人：杨某梅

【基本案情】

异议人万某桂、肖某称：（2016）沪0113民初7252号民事判决判令，万某桂、肖某按每日人民币70元（以下币种均为人民币）的标准，支付杨某梅自2015年8月13日起至原有户口迁出上海市宝山区乾溪路×弄×号×室房屋（以下简称系争房屋）之日止的逾期迁出户口违约金。但2018年5月1日起施行的《上海市常住户口管理规定》规定，房屋所有权因交易已发生转移，可由权利人申请将拒不迁出的户口强制迁至社区公共户。万某桂、肖某在2018年4月即与杨某梅联系，表示愿意配合其办理系争房屋内原有户口迁出事宜，但杨某梅拒绝前往办理。因按规定强制迁移户口必须由产权人申请，故万某桂、肖某无法自行办理。万某桂、肖某认为，杨某梅无理拒绝申请办理强制迁移户口手续，故其无权再继续主张违约金，故请求停止执行2018年5月1日以后的逾期迁出户口违约金。审理中，万某桂、肖某表示同意支付办理强制迁移户口手续所需的约4个月内发生的违约金。

申请执行人杨其梅称，万某桂、肖某虽然通知过她公安部门出台的强制迁移户口的政策，但她认为（2016）沪0113民初7252号民事判决是有拘束力的，万某桂、肖某仍然有义务按照生效判决支付从2018年2月14日起至2019年2月13日止共365天，按每日70元，计25550元的逾期迁出户口违约金。其已于2019年3月26日前去派出所咨询办理强制迁移房屋内原有户口的手续，目前公安机关尚在材料审核过程中，审核大约需要3个月的时间。

上海市宝山区人民法院经审理查明，本院于2016年5月26日对杨某梅与万某桂、肖某之间房屋买卖合同纠纷，作出（2016）沪0113民初7252号民事判决，以系争房屋中尚留有案外人马某麟的户口，万某桂、肖某违约为由，判令万某桂、肖某于该判决生效之日起十日内，按每日70元的标准向杨某梅支付2015年8月13日起至原有户口迁出系争房屋之日止的逾期迁出户口违约金；案件受理费减半收取为708元，由万某桂、肖某负担。2016年8月8日，上海市第二中级人民法院作出（2016）沪02民终5965号民事判决，判令驳回上诉，维持原判。后杨某梅向本院申请执行，要求万某桂、肖某支付2018年2月至2019年2月的逾期迁出户口违约金共计25550元，本院于2019年3月12日以（2019）沪0113执1403号案件立案执行。

另查明，2018年4月，肖某通过微信与杨某梅联系，表示2018年5月1日后可以申请强制迁户口。2018年5月11日，肖某又通过微信与杨某梅联系，让其带好身份证、产权证去派出所办理户口迁移手续，并称现在强迁户口必须要产权人申请。但杨某梅一直未前往办理，直至2019年3月才前去派出所办理。

再查明，根据《上海市常住户口管理规定》（于2018年3月9日公布，2018年5月1日起施行）第三十二条规定，房屋所有权或者公有居住房屋承租权因交易已发生转移，现权利人或者承租人申请将房屋内原有户口迁出的，房屋所在地公安派出所应当通知原有户口人员迁出，对拒不迁出或者无法通知的，可以直接将其户口迁至社区公共户。

【案件焦点】

被执行人对否有权提出排除执行异议。

【法院裁判要旨】

上海市宝山区人民法院经审理后认为，被执行人以债权消灭、丧失强制执行效力等执行依据生效之后的实体事由提出排除执行异议的，人民法院应当参照《中华人民共和国民事诉讼法》第二百二十五条的规定进行审查。

本案中，因万某桂、肖某向杨某梅出售的系争房屋中留有案外人马某麟的户口，导致万某桂、肖某违约，故本院生效民事判决判令万某桂、肖某按每日 70 元的标准支付逾期迁出户口违约金直至原有户口迁出系争房屋之日止。但上述执行依据生效后，2018 年 5 月 1 日起施行的《上海市常住户口管理规定》，明确规定对在房屋所有权因交易已发生转移的情况下，房屋权利人可申请办理房屋内原户口人员强制迁出手续。在此种情况下，杨某梅完全可以通过向公安机关申请将系争房屋内原有户口迁出，从而终止原有户口继续滞留在系争房屋内的状态。因根据法律的有关规定，当事人一方违约后，对方应当采取适当措施防止损失的扩大，没有采取适当措施致使损失扩大的，不得就扩大的损失要求赔偿。故杨某梅因怠于行使救济措施，对造成扩大的违约金，其无权主张。又因异议人在上述户口管理规定实施前已通知申请执行人前去办理，并表示愿意配合办理手续，且相关户口管理规定出台时也在新闻媒体公开宣传过，故申请执行人对相关政策于 2018 年 5 月 1 日起施行应当明知。考虑到办理强制迁移户口的手续需要一定审核期间，异议人亦同意支付公安机关审核办理期间的违约金，故本院酌情确定异议人应当支付申请执行人 2018 年 2 月 14 日至 2018 年 8 月 31 日期间（计 199 天），按每日 70 元计算的违约金 13930 元，不予执行申请执行人主张的 2018 年 9 月 1 日以后的逾期迁出户口违约金。

综上，依照《中华人民共和国民事诉讼法》第二百二十五条，《最高人民法院关于人民法院办理执行异议和复议案件若干问题规定》第七条第二款、第十七条第二款之规定，裁定如下：

执行本院（2016）沪 0113 民初 7252 号民事判决确定的自 2018 年 2 月 14 日至 2018 年 8 月 31 日止的逾期迁出户口违约金 13930 元；不予执行申请执行人杨其梅主张的自 2018 年 9 月 1 日以后的逾期迁出户口违约金。

裁定作出后，双方当事人均未申请复议，现该案已生效。

【法官后语】

本案其实存在两个争议焦点：第一，案件是否符合《中华人民共和国民事诉讼法》（以下简称《民事诉讼法》）规定的执行异议的受理条件。对于判决生效后，因法律法规政策的作出、调整、变更，致使继续执行原生效判决可能产生当事人权利义务的失衡、造成不公的情形的，当事人应当如何救济，审判实践中存在不同的观点。第二，法院应当根据怎样的法律规则进行裁判。现逐一分析如下：

（一）当事人另行起诉并非适合的救济路径选择

对于此类情形，根据“一事不再理”的诉讼原则，当事人无权另行起诉要求调整违约金。就本案而言，生效裁判已一揽子处理了逾期迁出户口违约金的起付日期、截止支付日期、支付标准、支付对象等所有相关事项。被告如起诉要求对违约金重新计算，则该诉与前诉的当事人相同、该诉与前诉的诉讼标的相同、该诉的诉讼请求实质上是否定前诉裁判结果，已构成了重复起诉，属于不应当受理的范畴。

（二）此类案件不属于审判监督程序的受理范围

根据《民事诉讼法》的规定，当事人对已经发生法律效力的判决、裁定，认为有错误的，可以申请再审；当事人的申请符合《民事诉讼法》第二百条规定的相应情形的，人民法院应当再审。但是逐一对照《民事诉讼法》第二百条所列举的13项情形，裁判文书生效后法律法规及政策调整并不属于任何一种法院应当再审案件的情形。法院作出生效裁判时，无法预料此后的法律法规政策的调整，法院的判决本身亦不存在实体及程序上的瑕疵，因而即使当事人申请再审，该申请亦不符合再审立案条件。

（三）被执行人有权申请执行异议进行救济

在此种情况下，当事人请求调整生效判决书的判决主文属合法合理亦合情的诉求，应当在制度层面给予其救济的途径及程序。纵观民事诉讼的整个体系，在执行异议乃至执行异议之诉的架构中给予救济是最为合理的制度安排。

根据《最高人民法院关于人民法院办理执行异议和复议案件若干问题的规定》第七条第二款规定，被执行人以债权消灭、丧失强制执行效力等执行依据生效之后的实体事由提出排除执行异议的，人民法院应当参照《民事诉讼法》第二百二十五条的规定进行审查。法律法规政策的重大调整及变更，应当被认定属于执行依据生效之后发生的实体事由，被执行人以此为由申请执行异议的，法院应当受理。

（四）执行异议的审查内容及审查依据

对于此类案件，解决了立案受理系第一步，第二步即解决实体问题，即审查的内容是什么，以及应当适用怎样的实体法进行审查。

一方面，关于审查的内容。法院需审查的是，其一，法律法规政策调整是否系执行依据生效之后新发生的；其二，法律法规政策调整的内容是否足以覆盖或对抗生效执行依据的既判力从而能够排除执行的。

另一方面，关于审查的依据。《中华人民共和国合同法》第一百一十九条（《中华人民共和国民法典》第五百九十一条亦如此规定）明确规定，合同一方当事人违约后，对方应当采取适当措施防止损失扩大的义务，且进一步明确了若其未采取适当措施致使损失扩大的，不得就扩大的损失要求赔偿。该条法律规定是诚实信用原则和公平原则在违约责任项下的具体化。但诚实信用原则和公平原则不仅适用于民商事合同的履行过程中，在生效裁判文书的执行过程中亦应当得以适用。

本案中，法院建立了这样一条裁判规则，即在生效裁判文书的执行过程中，申请执行人应当配合被执行人采取适当措施，防止被执行金额的扩大；如果没有采取适当措施致使被执行金额扩大的，不得就扩大的金额要求执行。该裁判规则将诚实信用原则、公平原则及《中华人民共和国合同法》第一百一十九条的适用范围扩大到了执行范畴，具有较好的法律效果及社会效果。

编写人：上海市宝山区人民法院　蒋梦娴

21

执行异议案件中，被执行人应当作为必要的共同诉讼人参与诉讼

——张某卫诉陈某君案外人执行异议之诉案

【案件基本信息】

1. 裁判书字号

河北省邯郸市中级人民法院（2019）冀04民终1996号民事判决书

2. 案由：案外人执行异议之诉

3. 当事人

原告（上诉人）：张某卫

被告（被上诉人）：陈某君

【基本案情】

陈某君与郭某国、张某娟、河北国杰林业科技有限公司民间借款纠纷一案，河北省邯山区人民法院（以下简称邯山区人民法院）于2016年10月10日作出（2016）冀0402民初1781号民事判决书，判决郭某国、张某娟、河北国杰林业科技有限公司偿还陈某君借款2050000元及利息。郭某国、张某娟、河北国杰林业科技有限公司不服该判决向河北省邯郸市中级人民法院（以下简称邯郸市中级人民法院）提起上诉。在审理期间，郭某国、张某娟、河北国杰林业科技有限公司提出撤回上诉的请求，邯郸市中级人民法院于2017年3月30日作出（2017）冀04民终267号民事裁定书，裁定准许郭某国、张某娟、河北国杰林业科技有限公司撤回上诉。因郭某国、张某娟、河北国杰林业科技有限公司未履行判决书确定的义务，陈某君向法院申请强制执行。在执行过程中，邯山区人民法院于2017年7月27日作出（2017）冀0402执恢86号之一执行裁定书，裁定：查封张某卫名下位于万浩吉祥小区×号楼×单元×层×号房屋。张某卫向邯山区人民法院对执行标的即涉案房产提出书面异议，法院于2018年11月6日作出（2018）冀0402执异98号执行裁定书，裁定驳回张某卫的异议请求。张某卫不服该裁定，于2018年11月8日诉至法院，诉请如前。另查明，张某海系张某卫的父亲。2012年4月27日，张某海、张某卫与郭某国、张某娟签订《商品房房屋买卖协议》，该协议约定：张某海、张某卫以65万元的价格将位于邯郸市丛台区万浩吉祥小区×号楼×单元×层×号房屋出售给郭某国、张某娟。张某卫当庭陈述郭某国将涉案房屋出售给解某飞；2015年7月3日，张某海与解某飞签订《商品房房屋买卖协议》，约定将涉案房产出售给解某飞。2015年12月7日，张某海与解某飞签订《中止购房协议书》，约定“经双方自愿协商，同意自2015年7月3日签订的万浩吉祥小区×号楼×单元×层×号房屋购房协议中止；原卖方2015年12月7日收到买方陆拾伍万元后即退出该房屋的一切使用权利”。2015年12月7日，石某娥、任某平分别通过银行账户向解某飞转款500000元、150000元，同日解某飞出具收据。再查明，万浩吉祥小区×号楼×单元×层×号房屋位于邯郸经济技术开发区，张某卫于2018年10月11日办理了涉案房屋的不动产权属证书（编号为010××××号）。

【案件焦点】

执行异议案件中，被执行人是否应当作为必要的共同诉讼人参与诉讼。

【法院裁判要旨】

河北省邯郸市邯山区人民法院经审理认为：当事人对自己提出的主张，有责任提供证据。本案系案外人张某卫在陈某君与郭某国、张某娟、河北国杰林业科技有限公司民间借款纠纷一案生效判决书的执行中，对执行标的即涉案房产提起的执行异议之诉。张某卫对本案诉争房产是否享有足以阻却执行的权利是本案争议的焦点，本院认为张某卫不享有阻却执行的权利，理由如下：（1）张某卫诉称，郭某国将涉案房屋出售给解某飞，再由其父亲张某海代表其与解某飞签订《商品房房屋买卖协议》，但张某卫未提交证据证明郭某国将涉案房屋出售给解某飞的事实，结合张某卫庭审中的陈述，其亦自认郭某国、张某娟将房产转让给解某飞没有依据。同时，张某卫当庭自认其于2012年将涉案房屋出售给郭某国，张某娟通过银行向其支付650000元，2015年12月，其以650000元将涉案房屋买回，且房屋买回来时进行了重新装修，法院认为，张某卫将房屋买回时已时隔三年，房屋应有所增值，且涉案房屋已经过重新装修，故张某卫通过其亲戚银行账户转账的方式，以650000元将涉案房屋买回的陈述不符合生活常理，且张某卫提交证据不足以证明实际占有涉案房屋。综上，法院对《商品房房屋买卖协议》及《中止购房协议书》中约定的事实不予采信。（2）法院于2017年7月27日作出查封执行裁定书，不动产权属证书在涉案房产被查封期间办理，不符合法律规定。因此，张某卫提交的现有证据不足以证明其享有阻却本案执行的权利。综上所述，依照《中华人民共和国民事诉讼法》第六十四条、第二百二十七条的规定，判决如下：驳回张某卫的诉讼请求。案件受理费10300元，由张某卫负担。

宣判后，上诉人张某卫不服，向邯郸市中级人民法院提起上诉，其上诉请求：（1）请求撤销邯山区人民法院（2018）冀0402民初3449号民事判决书，发回一审法院重新审理；（2）本案一、二审诉讼费由被上诉人承担。

邯郸市中级人民法院经审理认为，人民法院应当将案外人提起执行异议之诉的事实告知被执行人，以便其作出是否反对案外人异议的表示，保护其诉讼权利和实体权益。由于案外人执行异议之诉必然会涉及执行标的的权属问题，从查清案件事实、彻底解决纠纷的角度考虑，应当将被执行人作为必要的共同诉讼人，列为被告或第三人。依照《中华人民共和国民事诉讼法》第一百七十条第一款第四项、《最高人民法院关于适用〈中华人民共和国民事诉讼法〉的解释》第三百零七条规定，裁定如下：

一、撤销邯郸市邯山区人民法院（2018）冀0402民初3449号民事判决；

二、本案发回邯郸市邯山区人民法院重审。上诉人张某卫预交的二审案件受理费10300元予以退回。

【法官后语】

一、在执行异议中，被执行人应否作为必要的共同诉讼人参加诉讼

根据《最高人民法院关于适用〈中华人民共和国民事诉讼法〉的解释》第三百零五条的规定，案外人提起执行异议之诉，必须有明确的排除对执行标的执行的诉讼请求，而案外人这一诉讼请求的依据是其对执行标的享有实体权益，且人民法院的强制执行措施会妨害其所享有的实体权益。故无论案外人是否在排除对执行标的执行的诉讼请求之外提出对执行标的进行确权的诉讼请求，人民法院均会对案外人对执行标的是否享有实体权益进行审查。案外人执行异议之诉的诉讼标的表现为人民法院的强制执行措施是否妨害了案外人的实体权益，实质是对于同一执行标的，案外人所享有的实体权益与执行债权人所享有的债权谁应当优先保护，而这一诉讼标的通常与案外人和被执行人对该执行标的的权属纠纷相联系。案外人提起执行异议之诉后，必然会涉及执行标的的权属问题，故被执行人应当作为当事人参加诉讼。

在申请人提起的执行异议之诉中，争议本质也是对于同一执行标的，案外人所享有的实体权益与执行债权人所享有的债权谁应当优先保护的问题，申请人提起的执行异议也会涉及执行标的的权属问题，故被执行人应当作为当事人参加诉讼。

二、被执行人的诉讼地位

在案外人执行异议之诉中，被执行人在诉讼中是作为被告还是第三人参加诉讼，应当视其对案外人诉讼请求的态度而定。即如果被执行人对案外人的权属主张无异议，则应作为该案的第三人；如果被执行人对案外人的权属主张有异议，则应当作为该案的被告。需要特别注意的是，这里所说案外人的权属主张既包括案外人对该执行标的提出确权诉讼请求，也包括案外人虽未对该执行标的提出确权诉讼请求但将其对该标的享有实体权益作为支持其排除执行诉讼请求的理由。所谓“被执行人反对案外

人异议”，实质是指被执行人反对案外人对该执行标的主张实体权益。

在申请人执行异议之诉中，被执行人在诉讼中是作为被告还是第三人参加诉讼，视其态度而定，如果被执行人对申请人的异议主张无异议，则应作为该案的第三人；如果被执行人对申请人的异议主张有异议，则应当作为该案的被告。

三、审判实践中应当注意的问题

第一，在案外人执行异议之诉中，人民法院应当将案外人提起执行异议之诉的事实告知被执行人，以便其作出是否反对案外人异议的表示，保护其诉讼权利和实体权益。

第二，有关执行异议之诉的当事人。执行异议之诉，对原告的主体资格均无争议，案外人提起的异议之诉，案外人为原告；申请执行人提起的异议之诉，申请人为原告。申请执行人与案外人的主张相对，在一方提起的执行异议之诉中，另一方为被告。关于执行异议之诉的第三人，由于执行异议之诉必然会涉及执行标的的权属问题，即使被执行人不反对异议，从查清案件事实、彻底解决纠纷的角度考虑，也有必要将被执行人列为第三人。虽然解释规定的是“可以列被执行人为第三人”，人民法院原则上应当将被执行人列为第三人。另外，在执行异议案件的裁判文书中，应当在原告、被告、第三人后面标明其执行身份。

编写人：河北省邯郸市中级人民法院　宋世忠　连方宇

22

被执行人为企业法人且法院已受理破产清算的不适用优先原则

——招商银行广州白云路支行等诉信达公司广东分公司、五羊公司执行分配方案异议之诉案

【案件基本信息】

1. 裁判书字号

广东省广州市中级人民法院（2018）粤01民再20号民事判决书

2. 案由：执行分配方案异议之诉

3. 当事人

原告（二审上诉人、再审申请人）：招商银行广州白云路支行、招商银行广州环市东路支行、招商银行广州五羊支行

被告（二审被上诉人、再审被申请人）：信达公司广东分公司

被告（二审被上诉人）：五羊公司

【基本案情】

招商银行广州白云路支行、招商银行广州环市东路支行、招商银行广州五羊支行（以下统称招商银行）诉称：招商银行依据相应的裁判文书及执行文件，对五羊公司享有债权，因查无可供执行的财产而中止或终结执行。2013 年，五羊公司作为债权人在广州市中级人民法院“中诚广场”系列执行案中执得款项 12781600 元。2015 年 7 月 27 日，广州市越秀区人民法院作出《关于对被执行人五羊公司执行所得款的分配方案》（以下简称《分配方案》），决定由信达公司第一顺位受偿，包括招商银行在内的其他所有债权人第二顺位受偿。请求法院判令：确认信达公司不享有优先受偿权、修改案涉《分配方案》，将分配原则依法变更为按债权比例分配。

法院经审理查明：2015 年 7 月 27 日，一审法院作出《分配方案》，载明：“一、参与分配案件情况。1. 信达公司与广州电磁厂、五羊公司借款合同纠纷案 4 件（2000）越法执字第 2017 - 2020 号、（2000）越法执字第 2018 号恢字 1 号；……16. 招行白云支行与五羊公司金融借款合同纠纷案 3 件；……18. 招行五羊支行与广州连达实业有限公司、五羊公司公证债权文书纠纷案；19. 招行环市东支行与五羊公司、广州气体厂公证债权文书纠纷案……。二、执行和代管款情况。五羊公司作为债权人在二审法院执行的“中诚广场”系列执行案中应分得的执行款为 12781600 元。一审法院立案执行的（2000）越法执字第 2017 - 2020 号为最先向其要求对上述执行款采取财产控制措施的案件，并将上述执行款划拨至一审法院主持分配。……四、经审核，参与本次分配的案件均无担保物权。按照执行法院采取执行措施的先后顺序受偿，信达公司与广州电磁厂、五羊公司借款合同纠纷案 4 件是最先采取执行措施的案件，应列为第一顺位受偿，其他普通债权列为第二顺位受偿。经统计核算，最先采取执行措施案件的总债权为 21876482 元，执行所得款不

足以清偿最先采取执行措施案件的全部债权。……3. 第二顺位：其他普通债权。”

二审期间，广州市中级人民法院裁定受理招行白云支行对五羊公司的破产清算申请。

【案件焦点】

1. 被执行人为企业法人的财产执行分配原则，特别是法院已受理其破产清算的是否应在执行程序中分配；2. 已制订执行分配方案的，执行款是否视为已分配完毕；3. 执行异议之诉的裁判方式。

【法院裁判要旨】

广东省广州市越秀区人民法院（以下简称越秀区人民法院）依照《最高人民法院关于适用〈中华人民共和国民事诉讼法〉的解释》（以下简称《民诉法解释》）第五百一十条和《最高人民法院关于人民法院执行工作若干问题的规定（试行）》（以下简称《执行规定》）第八十八条第一款规定，使用采取措施的先后作出本次分配的原则及顺位。判决如下：驳回招商银行的诉讼请求。宣判后，招商银行不服，提出上诉。二审法院判决如下：驳回上诉，维持原判。

广东省广州市中级人民法院经再审认为，第一，根据《执行规定》第八十八条第一款、第八十九条、第九十条、第九十六条规定，首先，采取措施先后是执行分配的一般原则。其次，若被执行人是企业法人，但其因撤销、注销或歇业，且财产不足清偿全部债务的，应按债权比例分配，而不按采取措施先后分配；若被执行人是企业法人，可通过破产程序受偿，而不按采取措施先后分配。也就是说，当被执行人是企业法人，且未进入破产程序的，或不是因撤销、注销或歇业，且财产不足清偿全部债务的，才应按照采取措施先后分配。本案中，五羊公司为企业法人，且法院已受理对五羊公司的破产清算申请，故对五羊公司债权不适用按采取措施先后分配财产。第二，《民诉法解释》第五百一十三条、第五百一十五条第二款，明确了被执行人为企业法人且不能清偿到期债务、资产不足以清偿全部债务的，通过破产程序清偿债务。第五百一十六条的立法目的在于“倒逼”不能受偿的债权人申请被执行人破产清算。本案中，五羊公司为企业法人，已被法院受理破产清算，故依法不适用参与分配原则，即按采取措施的先后分配财产。第三，根据《最高人民法院关于如何理解〈最高人民法院关于破产法司法解释〉第六十八条的请示的答复》

（〔2003〕民二他字第52号），本案执行款尚未交付申请执行人，且不属于批复的例外情形。判决如下：

一、撤销本院二审判决及越秀区人民法院一审判决；

二、撤销越秀区人民法院作出的《分配方案》。

【法官后语】

一、被执行人为企业法人的财产执行分配原则

《执行规定》第八十八条第一款规定了执行程序实现个别债权的基本原则，即按照“执行法院采取措施的先后顺序受偿”，在债务人有充足财产的情形下，“先来先得”是实现债权人利益的最佳手段。债务人通常不能清偿全部债务，由此《执行规定》第八十九条、第九十条以是否可予破产为基础，解决了公平受偿的问题，即企业法人通过破产财产分配，公民或其他组织通过执行参与分配原则分配。同时，《执行规定》第九十六条明确了企业法人适用执行参与分配制度的特殊情形，由此，在多份生效法律文书确定金钱给付内容的多个债权人分别对同一被执行人申请执行的情况下，且被执行人为企业法人的，若财产不足清偿，适用《执行规定》第八十九条的规定，告知当事人依法申请被执行人破产；若财产不足清偿，且未经清算就撤销、注销、歇业的，适用《执行规定》第九十六条的规定，对各债权人的债权按比例清偿。若企业法人财产足以清偿或虽不足清偿但未进入破产程序的，则适用《执行规定》第八十八条第一款的规定，即按照执行法院采取执行措施的先后顺序受偿。企业法人只有未进入破产程序，或不是因撤销、注销或歇业，且财产不足清偿全部债务的，才按照采取措施先后分配。

《民诉法解释》第五百一十三条、第五百一十六条确定了企业法人“执破衔接”的制度，规定未进入破产程序才可按照采取执行措施的先后顺序清偿。对企业法人的债务按照“优先原则”清偿，只要一个前提条件，即当事人不同意移送破产，或法院不受理破产申请，作为被执行人的企业法人无法进入破产程序。

本案中，被执行人五羊公司为企业法人，且法院已受理对其破产清算申请，无论依据《执行规定》还是《民诉法解释》，对其财产不应依据采取措施的先后原则进行执行分配，而应依法通过破产程序分配。

二、关于执行分配方案异议之诉的裁判途径

《最高人民法院关于适用〈中华人民共和国民事诉讼法〉执行程序若干问题的解释》第十八条规定，执行财产分配方案异议人可以向法院提起诉讼。但若异议成立，法院是否可以直接变更《分配方案》，法律、司法解释对此并未作出规定。

本案中，债权应通过破产程序受偿，不存在变更《分配方案》的问题，故再审判决撤销《分配方案》。但对于法院未受理破产清算，无法通过破产程序予以分配的执行案件，执行分配方案异议之诉应如何裁判，我们认为，审判部门无权重新制作或变更执行分配方案的裁判结果，一方面制作执行分配方案是执行部门行使执行实施权的职责，行使裁判权的部门不能越权；另一方面审判部门仅对有执行分配方案的异议部分予以审查，不能全面了解执行分配方案的整体情况，由其直接修改或重新制作执行分配方案可能导致不必要的冲突，也不利于其他未参与诉讼的债权人权益的保护。① 若法院经审理认为当事人提出的异议应予以支持，应撤销执行分配方案异议部分，并在判决中明确分配原则、顺位、数额等，由执行部门重新制作执行分配方案。

编写人：广东省广州市中级人民法院　张一扬　谢佶利

23

执行中股东未届期限的认缴出资应加速到期的认定标准

——中商联合泰盛公司与福建教育杂志社等执行异议案

【案件基本信息】

1. 裁判书字号

福建省福州市鼓楼区人民法院（2019）闽0102执异42号执行裁定书

2. 案由：申请执行人执行异议之诉

3. 当事人

① 相关观点参见李世成：《论执行分配方案异议之诉的程序构造》，载《法律适用》2011年第5期。

异议人（申请执行人）：中商联合泰盛公司

被申请人：福建教育杂志社

被执行人：福建教育科研网络服务公司

【基本案情】

被执行人福建教育科研网络服务公司成立于2004年11月1日，注册资本为5600万元，实缴金额为500万元，其中本案被申请人福建教育杂志社认缴出资额为3360万元，实缴出资额为300万元，另一自然人股东严某（兼法定代表人）认缴出资额为2240万元，实缴出资额为200万元。福建教育杂志社和严某认缴出资时间均为2024年10月31日。在福州市鼓楼区人民法院（2018）闽0102执4996号案件执行过程中，执行局通过福建法院司法查控系统、全国法院网络执行查控系统查询被执行人的银行存款、车辆、房产、证券、工商登记等情况，并冻结了被执行人名下账户，其被查封冻结的金额不足以清偿生效法律文书确定的债务，除此外也未发现被执行人有其他可供执行的财产。

鉴于被执行人无财产可执行，申请执行人中商联合泰盛公司向法院提交《追加被执行人申请书》，要求根据《最高人民法院关于民事执行中变更、追加当事人若干问题的规定》第十七条的规定，追加福建教育杂志社为本案被执行人。

被申请人福建教育杂志社认为其认缴的出资时间系2024年10月31日前，申请执行人要求追加被申请人为被执行人实质是要求被申请人的出资义务提前到期。《最高人民法院关于民事执行中变更、追加当事人若干问题的规定》第十七条规定的“未缴纳或未足额缴纳出资”指的是出资期限届满而未缴纳或未足额缴纳出资的情形下，符合该情形的股东才能被追加为被执行人。本案中，判断被申请人是否足额缴纳3060万元出资，应以2024年10月31日这一天被申请人的出资是否到位来判断。公司章程中的出资时间尚未届满，不存在出资不到位的情况。

【案件焦点】

申请执行人以公司不能清偿到期债务为由，请求追加未届出资期限的股东为被执行人是否成立。

【法院裁判要旨】

福建省福州市鼓楼区人民法院审理认为：在执行阶段，对债务人是否能清偿到期债务的事实已能确定，并非处于待定状态。在公司财产不足以清偿债务的情况下，其情形类似强制清算和破产时公司的财产状态。在公司处于结算清算、破产程序状态时，股东所未缴出资作为其向公司所负未到期债务，视为提前到期，需提前向公司履行，即需向公司债权人代位清偿。在执行程序中，在公司已无财产可供执行的情形下，即使未届股东出资缴纳期限，股东所未缴出资，作为其向公司所负未到期债务，视为提前到期，需向公司债权人代为清偿公司债务。福州市鼓楼区人民法院依照《中华人民共和国民事诉讼法》第一百五十四条第一款第十一项，《最高人民法院关于民事执行中变更、追加当事人若干问题的规定》第十七条、第三十二条第一款规定，裁定如下：

一、追加福建教育杂志社为（2018）闽0102执4996号执行案件的被执行人；

二、福建教育杂志社在未缴纳的3060万元出资范围内向申请执行人承担责任。

【法官后语】

在注册资本认缴制下，股东依法享有期限利益。本案的争议焦点在于，债权人以公司不能清偿到期债务为由，请求未届出资期限的股东在未出资范围内对公司不能清偿的债务承担补充清偿责任，是否侵犯了股东的期限利益。

当执行局已对被执行人穷尽执行措施仍无财产可供执行时，申请执行人往往向法院提起追加申请，要求追加未缴纳或未足额缴纳出资的股东作为被申请人。《最高人民法院关于民事执行中变更、追加当事人若干问题的规定》第十七条规定："作为被执行人的营利法人，财产不足以清偿生效法律文书确定的债务，申请执行人申请变更、追加未缴纳或未足额缴纳出资的股东、出资人或依公司法规定对该出资承担连带责任的发起人为被执行人，在尚未缴纳出资的范围内依法承担责任的，人民法院应予支持。"但该条文未明确"未缴纳或未足额缴纳出资"是否包括股东出资期限未届满的情形。

2019年9月11日，最高人民法院审议通过《全国法院民商事审判工作会议纪要》载明："在注册资本认缴制下，股东依法享有期限利益。债权人以公司不能清偿到期债务为由，请求未届出资期限的股东在未出资范围内对公司不能清偿的债务承担补充赔偿责任的，人民法院不予支持。但是，下列情形除外：(1) 公司作为被执行人的案件，人民法院穷尽执行措施无财产可供执行，已具备破产原因，但不申请破产的；(2) 在公司债务产生后，公司股东（大）会决议或以其他方式延长股东出资期限的。”本案中，福州市鼓楼区人民法院执行局已对被执行人福建教育科研网络服务公司穷尽执行措施仍无财产可供执行，福建教育科研网络服务公司已具备破产原因，但不申请破产的，其结果与《中华人民共和国企业破产法》第二条规定的公司资产不足以清偿全部债务或者明显缺乏清偿能力完全相同，故此种情形下应比照《中华人民共和国企业破产法》第三十五条关于“人民法院受理破产申请后，债务人的出资人尚未完全履行出资义务的，管理人应当要求该出资人缴纳所认缴的出资，而不受出资期限的限制”的规定，股东未届期限的认缴出资，应当加速到期，债权人可以直接向股东主张清偿债务。

我国公司法实行无条件的公司资本认缴制度，意味着股东可以自主决定公司资本的认缴期限和金额。该制度目的在于放低公司设立门槛，鼓励投资兴业，赋予股东更大的自治空间。然而，权利的扩大必然伴随义务的加重，法律在赋予公司股东无须实际出资的期限利益的同时，要强化对债权人利益的保护，以实现公司、股东与债权人的利益平衡。在公司现有资产难以清偿负债的情况下，若不要求股东认缴出资加速到期，反而要求债权人对负债公司提起破产申请，则违背了认缴出资制度设立之目的，也使恶意股东利用认缴出资制度，逃废债务，损害债权人利益、破坏市场经济秩序。另外，股东出资的意义在于维持公司的正常运行，这也是股东最基本的责任，当公司出现危机时这种责任尤为凸显，因此，即使提前缴纳出资也是在履行股东正常范围内的责任，并未加重股东的责任。

《最高人民法院关于民事执行中变更、追加当事人若干问题的规定》第十七条规定的“未缴纳或未足额缴纳出资”既包括期限已届满也包括期限未届满的出资。对于法院已对被执行人穷尽执行措施，但仍无财产可供执行的案件，其股东出资期限加速到期，债权人要求追加未缴纳或未足额缴纳出资的股东为被执行人，并在未认缴出资范围内对公司不能清偿的债务承担补充清偿责任的，应予以支持。

编写人：福建省福州市鼓楼区人民法院　赵南　李榕

五、执行复议

24

竞买人在执行程序中可撤销网络司法拍卖

——胡某与黄某琴等申请执行复议案

【案件基本信息】

1. 裁判书字号

重庆市第三中级人民法院（2019）渝03执复16号执行裁定书

2. 案由：申请执行复议纠纷

3. 当事人

复议申请人：胡某

申请执行人：黄某琴

被执行人：董某志、胡某莉

被申请人：董某、余某文

【基本案情】

黄某琴与胡某莉、董某志民间借贷纠纷一案，重庆市垫江县人民法院在执行过程中，委托淘宝网络司法拍卖指卖董某志所有的七套房产，并在淘宝网上发布《竞买公告》和《拍卖公告》。2018年4月7日，董某、余某文联合竞买以218.36万元的最高价竞得。重庆市垫江县人民法院于2018年5月2日作出拍卖成交裁定，将拍卖房产所有权过户给了董某、余某文，国土局也已为董某、余某文办理了新的不动产权证。但该院在交付过程中出现了该房屋实际情况和房产证记载内容有出入，无法和房产证一一对应，需要国土局协助指认具体位置以及买受人拒绝接受法院移交的除违章建筑外的有证房屋等问题。2018 年 8 月 9 日，重庆市垫江县人民法院向国土局送达了公函，委托该局对董某志涉案房屋现状进行调查核实并予以函告。2018 年 8 月 14 日，该局出具复函称经测绘，拍卖房产实际建筑面积比产权证记载面积共计相差 261.29 平方米。2018 年 8 月 27 日，董某、余某文向该院申请撤销本次网络司法拍卖。该院执行局遂作出裁定，撤销该院作出的拍卖成交裁定书。2018 年 11 月 19 日，案外人胡某向该院提出书面执行异议。本案在执行异议审查过程中，国土局再次对涉案房屋进行了测量，并出具补充复函称原证面积与实测建筑面积相差 119.52 平方米。

【案件焦点】

执行法院作出的撤销网络司法拍卖的裁定是否合法。

【法院裁判要旨】

重庆市垫江县人民法院经审理认为：胡某可作为利害关系人就撤销拍卖行为提起执行行为异议。根据《最高人民法院关于人民法院网络司法拍卖若干问题的规定》（以下简称《网络司法拍卖规定》）第三十一条第一款和《最高人民法院关于审理商品房买卖合同纠纷案件适用法律若干问题的解释》第十四条第二款的规定，涉案房屋由于经国土局现场测量，最终确定原证面积与实测建筑面积相差 119.52 平方米，面积误差比绝对值超出 3%，已致使买受人产生重大误解，买受人请求撤销拍卖于法有据。

重庆市垫江县人民法院依照《中华人民共和国民事诉讼法》第二百二十五条、《最高人民法院关于人民法院网络司法拍卖若干问题的规定》第三十一条第一款、《最高人民法院关于审理商品房买卖合同纠纷案件适用法律若干问题的解释》第十四条第二款和《最高人民法院关于人民法院办理执行异议和复议案件若干问题的规定》第十七条第一项规定，作出如下裁定：驳回异议人胡某的异议请求。胡某不服异议裁定，向重庆市第三中级人民法院申请复议。重庆市第三中级人民法院经审理认为：根据国土局前后两次测量及说明，拍卖的涉案房屋有证面积与无证面积并存，而有证面积与实测面积有较大偏差及情况变化，无法一一对应，交付范围无法确定。即法院向涉案房屋的买受人董某、余某文客观上交付不能。据此，董某、余某文提出撤销涉案房屋的拍卖，符合《网络司法拍卖规定》第三十一条第一款的规定。

重庆市第三中级人民法院依照《中华人民共和国民事诉讼法》第二百二十五条、《最高人民法院关于办理执行异议和复议案件若干问题的规定》第二十三条第一款第一项的规定，作出如下裁定：

驳回胡某的复议申请，维持重庆市垫江县人民法院（2018）渝0231执异47号执行裁定。

【法官后语】

本案的争议焦点是执行法院作出的撤销网络司法拍卖的裁定是否合法。虽然我国在2017年1月1日起正式施行的《网络司法拍卖规定》中已针对网络司法拍卖的撤销权作出一些规定，但在司法实践中仍有一些适用上的难题，如竞买人如何行使撤销权等。

具体到本案，主要涉及两个问题：一是竞买人行使撤销权的前提条件。法院在拍卖前应当先期公告并公示相关信息，并对拍卖财产已知瑕疵和权利负担等事项予以特别提示。《网络司法拍卖规定》第十二条至第十五条规定，网络司法拍卖应先期公告，公告应包括拍卖财产、竞买人条件、拍卖财产已知瑕疵等信息。法院应在公告发布当日通过网络司法拍卖平台公示拍卖公告、竞价规则、拍卖财产权属、占有使用、附随义务等现状的文字说明、视频或者照片等信息，并对竞买人应当具备的资格或条件、拍卖财产已知瑕疵和权利负担等事项予以特别提示，否则可能承担瑕疵担保责任。在网络司法拍卖中，竞买人一般只能通过网络平台查看拍卖财产的相关信息，对于在建工程、土地使用权、房屋等牵涉法律关系较为复杂或财产权属不明晰或有瑕疵的拍卖财产，竞买人难以真正了解拍卖财产的属性和特点，因此启动网络司法拍卖程序前的对拍卖财产相关信息的公示公告和披露程度要求应高于传统司法拍卖。为有效维护竞买人合法权益和司法公信力，法院在拍卖前应对拍卖财产的瑕疵等情况进行全面细致调查，且在履行交付拍卖财产的主合同义务外，还应履行作为拍卖人的说明拍卖财产权属、瑕疵及权利负担等附随义务。本案中，法院之所以无法将拍卖房产顺利交付给买受人，就是因未在拍卖前对拍卖房产的实际情况和房产证记载内容进行全面调查和核实。二是竞买人行使撤销权的标准。竞买人应作为行使撤销权的主体。《网络司法拍卖规定》第三十一条中规定行使撤销权的主体为“当事人、利害关系人”，从该条规定的具体内容来看，应对“利害关系人”作扩大解释，网络司法拍卖的竞拍结果将直接影响竞买人的利益，在出现损害其竞买利益的法定可撤销情形时，应赋予竞买人行使撤销权的主体资格。同时，竞买人要启动撤销网络司法拍卖的程序，必须符合网络司法拍卖行为严重违反程序、损害当事人或竞买人利益等六种法定情形之一。本案中，买受人向法院申请撤销本次网络司法拍卖即符合《网络司法拍卖规定》第三十一条第一款规定的情形：一是拍卖房产的房产证记载面积与实际建筑面积相差较大，属于拍卖标的物的重大瑕疵；二是因买受人竞买前对拍卖房产以上重大瑕疵不知情，并由此产生重大误解，而现买受人不愿接受拍卖财产，结合其购买意图，可认定为购买目的无法实现；三是拍卖房产有证面积与无证面积并存，而有证面积与实测面积有较大的偏差及情况变化，无法一一对应，交付范围无法确定，法院向买受人客观上交付不能。综上，买受人董某、余某文请求法院撤销拍卖于法有据，法院据此作出的撤销拍卖的裁定并无不当。

作为法官，不应机械地套用法律条文，而应对法律条文进行准确理解、深入解读，以实现法律效果和社会效果相统一。

编写人：重庆市第三中级人民法院　张晓霞

25

诉讼外和解全部履行完毕方可裁定终结执行

——直通家品公司与达康富华公司、魏某启执行复议案

【案件基本信息】

1. 裁判书字号

北京市第二中级人民法院（2019）京02执复130号执行裁定书

2. 案由：执行复议纠纷

3. 当事人

申请执行人（复议申请人）：直通家品公司

被执行人（复议被申请人）：达康富华公司、魏某启

【基本案情】

北京市大兴区人民法院受理的直通家品公司诉达康富华公司、魏某启及第三人北京市大兴区青云福利塑料制品厂买卖合同纠纷一案，经审理判决达康富华公司、魏某启给付直通家品公司货款若干及利息损失。达康富华公司、魏某启不服一审判决，向北京市第二中级人民法院提起上诉。上诉期间，原、被告与夏某光等其他主体签订协议，约定将包括本案在内的相互之间已发生的十四件诉讼或执行案件一并了结，或者撤诉，或者和解结案，各自履行完毕后，视为债务全部了结。同时原、被告又签订专项和解协议，约定达康富华公司、魏某启撤回上诉，直通家品公司申请解除对达康富华公司、魏某启的财产保全。后达康富华公司、魏某启在二审期间撤回上诉，直通家品公司申请解除了财产保全，北京市第二中级人民法院裁定准许撤诉，一审判决生效。直通家品公司向北京市大兴区人民法院申请执行，该院立案执行。执行过程中，达康富华公司、魏某启提出异议，认为其已与直通家品公司达成和解且已履行完毕，本案债权债务已消灭，直通家品公司不应再申请执行。直通家品公司辩称其并未与达康富华公司、魏某启及其他主体签订协议，在协议上代表其签字的夏某光没有授权，且所盖公章系假章，现一审判决已生效，其申请执行并无不当。

【案件焦点】

1. 被执行人依据双方诉讼外达成的和解协议在执行中提出异议要求终结执行，是否应当审查；2. 如果应当予以审查，审查判断的标准和依据是什么。

【法院裁判要旨】

北京市大兴区人民法院经审理认为：被执行人以债权消灭等执行依据生效之后的实体事由提出排除执行异议的，虽然人民法院要对实体事由进行实质审查，但我国目前没有建立配套的债务人异议之诉制度，将其作为债务人异议案件，参照《中华人民共和国民事诉讼法》第二百二十五条规定进行审查。本案中，被执行人达康

富华公司、魏某启以执行依据生效后双方达成协议书、和解协议书为实体事由提出异议，属于债务人异议……在（2017）京0115民初2673号民事判决书生效后，直通家品公司等与达康富华公司、魏某启签订协议书、和解协议书，对包括涉案债权债务在内的十四个案件统一和解处理。根据协议书、和解协议书的约定，双方历史业务中发生的所有纠纷、问题或遗留事项，不再互相追究责任，各自承担损失。对于3号案件，即涉案买卖合同纠纷，由达康富华公司、魏某启向本院撤回上诉或调解结案，直通家品公司申请本院解除保全措施。对于6号、7号案件，即朝阳区人民法院作出的（2017）京0105民初9621号、（2017）京0105民初20837号民事判决书，由魏某启向三中院撤回上诉或调解结案。协议书、和解协议书签订后，直通家品公司于2018年8月24日申请执行法院解除对达康富华公司的保全措施，该院于2018年10月18日解除对达康富华公司账户的冻结。达康富华公司、魏某启以与直通家品公司达成庭外和解为由，于2018年11月27日向本院申请撤回上诉，本院于2018年12月7日裁定准许撤回上诉。而6号、7号案件，夏某光于2018年8月14日向三中院分别申请撤回上诉，同日三中院裁定准许撤回上诉。从上述双方后续行为来看，直通家品公司、达康富华公司、夏某光均按照协议书、和解协议书的约定实际履行了各自义务，双方的债权债务经相互免除后消灭。因此，执行依据（2017）京0115民初2673号民事判决书确定的达康富华公司、魏某启的债务已消灭，（2019）京0115执5489号案件应停止执行。达康富华公司、魏某启的债务人异议成立，应予支持。

北京市大兴区人民法院依照《中华人民共和国民事诉讼法》第一百五十四条第一款第十一项、第二百二十五条及《最高人民法院关于人民法院办理执行异议和复议案件若干问题的规定》第七条第二款规定，作出（2019）京0115执异199号执行裁定，裁定如下：

一、停止对（2019）京0115执5489号案件的执行；

二、驳回北京直通家品家居用品有限公司的执行申请。

直通家品公司不服一审裁定申请复议，北京市第二中级人民法院经审理认为：案涉协议书约定解决的事项包括甲、乙各方之间已发生的相关诉讼纠纷共计九件案件、甲方因与乙方开展历史业务而与第三方发生的相关诉讼纠纷共计五件案件，以及甲方已经处理完毕的甲、乙各方历史业务中所涉纠纷和甲、乙各方未提起诉讼但可能存在的潜在纠纷等。协议书中的“后续事项安排”约定了上述十四件案件的处理方式，并特别约定上述后续事项安排是一个综合整体，只有全部各项安排均实现后本协议的目的方为实现，如一方故意拖延、全部或部分拒绝履行而导致后续事项安排无法全部实现的，则另一方有权对于已履行的内容予以撤销、解除本协议，并可以采取相关法律措施将已履行部分恢复至本协议签订前的状态且继续享有本协议签订前所涉内容项下的全部法律权利。

一审法院在本案审查过程中只审查了上述协议书中3号、6号、7号案件的后续事项处理情况，并未审查其他案件的后续事项处理情况，甲、乙各方是否已按照协议书的约定全部履行了各自义务尚不明确，故一审法院认定3号案件即本案的债权债务经相互免除已消灭，并据此裁定停止本案的执行并驳回直通家品公司的执行申请，显属认定基本事实不清。

北京市第二中级人民法院依照《中华人民共和国民事诉讼法》第一百五十四第一款第十一项、《最高人民法院关于人民法院办理执行异议和复议案件若干问题的规定》第二十三条第一款第三项规定，裁定如下：

一、撤销北京市大兴区人民法院（2019）京0115执异199号执行裁定；

二、发回北京市大兴区人民法院重新审查。

【法官后语】

本案属于执行裁决新类型案件，明确了对执行依据生效前发生的实体事由能否排除执行的异议可以按照债务人异议进行审查，以及只有和解协议约定的条件和内容全部履行完毕才能裁定终结执行，对类案的审查有一定的参考和借鉴意义。

1. 2005年5月5日施行的《最高人民法院关于人民法院办理执行异议和复议案件若干问题的规定》第七条第二款和第三款分别规定了被执行人以债权消灭或丧失强制执行效力等执行依据生效之前和之后的实体事由提出排除执行异议的审查处理方式，以之前发生的实体事由提出异议的，应当参照《中华人民共和国民事诉讼法》第二百二十五条的规定审查，以之后发生的实体事由提出异议的，告知其依法申请再审或通过其他程序解决。本案的情况是被执行人达康富华公司和魏某启以二审中双方达成和解协议并已履行完毕为由，在执行中向一审法院提出异议，认为债权债务已消灭，要求终结执行。按照上述规定，其所提异议所依据的实体事由发生于执行依据生效之前，应当通过申请再审或其他法定程序解决，一审法院不应审查其所提异议，直接裁定驳回异议申请。但2018年3月1日施行的《最高人民法院关于执行和解若干问题的规定》第十九条规定，被执行人根据当事人自行达成但未提交人民法院的和解协议，依照《中华人民共和国民事诉讼法》第二百二十五条规定提出异议的，人民法院区分和解协议是否履行完毕等情形分别予以处理，如果和解协议已全部履行完毕，应当裁定终结原生效法律文书的执行。该条规定中所述当事人自行达成但未提交法院的和解协议，应当理解为可以在诉讼或执行任何一个程序和阶段达成的和解协议，所以即使双方在执行依据生效前达成和解协议，但未提交法院，在之后的执行程序中被执行人也可以依据该协议提出异议要求终结执行，一审法院应当予以审查。这就打破了上述规定第七条第三款的规定，而两个规定都是司法解释，依据“后法优于先法”原则，一审法院对被执行人达康富华公司和魏某启所提异议按照债务人异议进行审查并无不当。

2. 双方当事人在诉讼外达成附多项条件消灭债权债务的和解协议，只有所附条件全部达成，才能认定和解目的实现，债权债务消灭，如果仅达成其中部分条件，不能认定和解目的全部实现，可视为一方未履行完毕和解协议，另一方可申请执行生效法律文书。本案中，申请执行人直通家品公司与被执行人达康富华公司、魏某启以及其他几方在二审中达成诉讼外和解，协议约定解决的事项包括各方之间已发生的包含本案在内的相关诉讼纠纷共计九件案件、与第三方发生的相关诉讼纠纷共计五件案件等。协议书中的“后续事项安排”约定了上述十四件案件的处理方式，并特别约定上述后续事项安排是一个综合整体，只有全部各项安排均实现后该协议的目的方为实现。一审法院在异议审查过程中只审查了协议约定的部分案件的后续事项处理情况，并未审查其他案件的情况，各方是否已按照协议书的约定全部履行了各自义务尚不明确，故一审法院认定本案的债权债务经相互免除而消灭，径行裁定停止本案的执行并驳回直通家品公司的执行申请，显属认定基本事实不清，依法应当发回重审。

编写人：北京市第二中级人民法院　侯成成

26

未经人民法院强制执行可以参照执行回转立案执行

——建安公司与巫溪县司法局执行复议案

【案件基本信息】

1. 裁判书字号

重庆市第二中级人民法院（2019）渝02执复55号执行裁定书

2. 案由：申请执行复议纠纷

3. 当事人

复议申请人（异议人、被执行人）：建安公司

申请执行人：巫溪县司法局

【基本案情】

建安公司与巫溪县司法局建设工程施工合同纠纷一案，经重庆市巫溪县人民法院（以下简称巫溪县人民法院）判决：（1）巫溪县司法局在本判决生效后十日内支付建安公司建设工程质量保证金208376元；（2）巫溪县司法局在本判决生效后十日内支付建安公司迟延支付建设工程款利息39255元；（3）巫溪县司法局在本判决生效后十日内支付建安公司律师代理费15000元。该判决发生法律效力后，建安公司申请巫溪县人民法院强制执行以前，巫溪县司法局主动将该判决书确定的全部案款支付给建安公司。此后，巫溪县司法局向重庆市第二中级人民法院申请再审。该院再审判决：（1）维持巫溪县人民法院（2015）巫法民初字第57号民事判决第二项、第三项；（2）变更巫溪县人民法院（2015）巫法民初字第57号民事判决第一项为：巫溪县司法局在本判决生效后十日内支付建安公司建设工程质量保证金58376元。

该判决生效后，巫溪县司法局又向巫溪县人民法院提起诉讼，要求建安公司返还150000元并承担利息。该院遂判决由建安公司向巫溪县司法局返还150000元。

建安公司不服，提起上诉。重庆市第二中级人民法院经审理后认为，建安公司应通过执行程序寻求救济，遂裁定撤销巫溪县人民法院（2018）渝0238民初1653号民事判决，驳回巫溪县司法局的起诉。2019年8月6日，巫溪县司法局向巫溪县人民法院提出执行回转申请，要求建安公司返还多领取的建设工程质量保证金150000元。该院遂裁定责令建安公司在裁定生效之日起三日内向巫溪县司法局返还已取得的案款150000元。

建安公司提出执行异议认为，本案未经人民法院强制执行，不得适用执行回转，被巫溪县人民法院驳回后又向重庆市第二中级人民法院申请执行复议。

【案件焦点】

法律文书生效后，负有给付义务的一方当事人在对方当事人向人民法院申请强制执行之前主动履行给付义务的，在该生效法律文书确定的给付义务经再审撤销或变更以后，履行给付义务的一方当事人能否向人民法院申请执行回转。

【法院裁判要旨】

重庆市巫溪县人民法院经审理认为：执行回转是指执行完毕后，据以执行的判决、裁定和其他法律文书确有错误，被人民法院撤销的，对已被执行的财产，人民法院应当作出裁定，责令取得财产的人返还；拒不返还的，强制执行。巫溪县司法局的申请符合法律规定，该院作出的裁定于法有据。据此裁定驳回建安公司的异议。

建安公司不服，持异议理由向重庆市第二中级人民法院申请复议。重庆市第二中级人民法院复议审查认为：依照《中华人民共和国民事诉讼法》第二百三十三条的规定，执行完毕后，据以执行的判决、裁定或其他法律文书确有错误，被人民法院撤销的，对已被执行的财产，人民法院应当作出裁定，责令取得财产的人返还；拒不返还的，强制执行。执行回转制度设立的目的在于维护由于执行依据错误而受损害的当事人的利益。本案中，建安公司与巫溪县司法局建设工程施工合同纠纷一案，在巫溪县人民法院作出的（2015）巫法民初字第57号民事判决发生法律效力后，巫溪县司法局按照判决内容，将案款直接支付给了建安公司。此后，该案经本院再审撤销了巫溪县人民法院（2015）巫法民初字第57号民事判决第二项、第三项，同时将巫溪县司法局应给付建安公司的建设工程质量保证金变更为了58376

元。据此，虽然本案原执行依据发生法律效力后未经巫溪县人民法院强制执行，形式上不符合法律关于执行回转规定的字面含义，但将本案参照执行回转的规定予以立案执行，符合执行回转制度的立法目的。巫溪县人民法院作出的（2019）渝0238执801号执行裁定并无明显不当。复议申请人建安公司提出的本案未经强制执行不符合适用执行回转的前提条件的复议理由不能成立，本院不予采纳。复议申请人建安公司提出的（2017）渝02民再58号民事判决系错误判决的复议理由不属于执行异议、复议审查范围，本院不予审查。据此裁定驳回复议申请人建安公司的复议申请，维持异议裁定。

【法官后语】

关于本案的处理，关键在于如何准确理解执行回转制度设立的法理依据、立法目的等。首先，就法理而言，生效法律文书确定的给付义务履行完毕以后，若原执行依据被撤销，则当事人之间因其所形成的实体法律关系不再具备正当性，需予以恢复。这种需要恢复的法律关系或需要返还的利益，实质上属于给付之诉性质的私权纠纷，其私权性质，并不会因其是否经过人民法院强制执行程序中公权力的介入而发生“质变”。故，既然法律将经过人民法院强制执行而需要返还的不当得利设定为允许通过执行回转予以解决，则与其法理依据一致的主动履行中需要返还的不当得利当然可以参照执行回转适用。其次，就立法技术而言，程序法和实体法一样，都不可能穷尽所有法律现象，都会出现规则漏洞，因此有必要在司法过程中创造性地适用法律，填补程序规则漏洞，最终使程序制度止于至善。本案中，对于立法者未予以明确的未经人民法院强制执行而需返还的可以从法理依据的层面创造性地适用法律，对执行回转制度中的“执行中”或“执行完毕后”所指向的执行理解为包含当事人主动履行。最后，就立法目的而言，执行回转制度是我国民事诉讼特有的制度，其目的在于将原债权人基于已被撤销的原执行依据所取得之利益，返还原债务人，使当事人间的实体法律关系得以恢复。但司法实践是鲜活的，当事人对生效法律文书确定的给付义务所采取的履行方式和履行途径也是多种多样的，立法者显然忽略了当事人不通过执行程序而通过法院审判庭履行或自行交割履行的情形，故对于未经人民法院强制执行的情形允许通过执行回转予以处理符合执行回转制度的立法目的。

就本案而言，巫溪县司法局于原执行依据生效后主动履行义务，使得生效法律文书得到了及时全面地履行，也使得建安公司的债权及时得到实现。在原执行依据被再审改判以后允许参照适用执行回转可以使得双方当事人的实体权利义务关系得到及时恢复，有利于平等保护双方当事人的合法权利，与该制度的立法目的是匹配的。同时，当前人民法院正在着力解决执行难问题。解决执行难问题，形成尊重司法裁判、自觉履行法律义务的社会习惯，培树诚实守信的社会风尚至关重要。此类案件中，当事人在判决生效后，积极履行给付义务，且给付义务具体、明确时，法院参照执行回转直接立案执行有助于引导积极通过法院主动履行义务氛围的形成，亦有助于执行难问题的解决。综合以上因素，本院复议审查后维持了异议裁定。

编写人：重庆市第二中级人民法院　何贤龙

27

执行程序中救济权滥用现象的思考

——吕某民申请执行复议案

【案件基本信息】

1. 裁判书字号

北京市顺义区人民法院（2009）顺执字第2405号执行裁定书

2. 案由：执行复议纠纷

3. 当事人

复议申请人（利害关系人）：吕某民

申请执行人：姜某林

被执行人：汽配公司

【基本案情】

姜某林与汽配公司民间借贷合同纠纷一案，顺义区人民法院于2008年11月7日作出（2008）顺民初字第8736号民事判决书，判决汽配公司于判决生效之日起三十日内给付姜某林借款400万元及利息。汽配公司不服该判决，上诉至北京市第二中级人民法院，北京市第二中级人民法院于2009年4月3日作出（2009）二中民终字第01810号民事判决书，判决驳回上诉，维持原判。后姜某林向北京市顺义区人民法院申请执行，该院依法立案，案号为（2009）顺执字第2405号。2010年4月13日，该院对涉案地块上建筑物、机器设备及50亩土地使用权予以查封。后经该院委托评估拍卖，2014年1月20日，买受人北京某投资管理有限公司竞得被拍卖物。

之后，案外人北京某机械设备制造有限公司（法定代表人为吕某民）和吕某民以其为涉案土地使用权人阻却法院执行为由，先后三次提出案外人异议，后续案外人执行异议之诉均被驳回。

吕某民又以利害关系人、以其为涉案地块使用权人及该院拍卖侵害其优先购买权为由，要求撤销拍卖并停止对涉案地块的查封，均被裁定驳回。

北京市顺义区人民法院认为，吕某民曾以利害关系人的身份对涉案地块上的厂房的拍卖行为提出异议，已经生效的法律文书审查并驳回了其异议请求。现吕某民就同一执行行为再次提出异议，不符合受理条件。该院在执行过程中，在汽配公司未主动履行生效法律文书的情况下，该院依法对汽配公司所有的厂房进行评估拍卖，在拍卖成交后依法将涉案地块上的厂房等腾退移交买受人，符合相关强制执行法律的规定。吕某民要求撤销该院腾退行为的主张，没有事实及法律依据，该院不予采纳。另，吕某民以其代表即将成立的公司签订的土地使用协议合法有效为由，主张作为承租人在该院查封之前一直占有使用合同约定的不动产，故有权阻止本院移交腾退。本案中，该院腾退的标的物为涉案地块上的厂房及附属设施等，而吕某民根据土地使用协议所主张其占有的不动产实际为涉案地块，故吕某民所主张占有使用的标的物并非本院腾退的标的物，在此情况下，其所提异议实为作为利害关系人对该院腾退之行为提出的异议。据此，北京市顺义区人民法院裁定驳回吕某民的异议请求。

吕某民不服，向本院申请复议。

本案中，吕某民主张其享有涉案地块上其中九间办公用房的所有权，据此请求法院停止对涉案地块上的厂房等采取强制执行措施。复议申请人吕某民基于实体权利既提出排除执行异议又提出了对执行行为的异议，但其针对的执行标的均为位于北京市顺义区杨镇工业区×号土地（即涉案土地）及地上物。

【案件焦点】

本案的争议焦点为复议申请人吕某民提出的本次请求是否属于“重复提出异议”。

【法院裁判要旨】

北京市第二中级人民法院经审理认为：根据法律规定，当事人、利害关系人对同一执行行为有多个异议事由，但未在异议审查过程中一并提出，撤回异议或者被裁定驳回异议后，再次就该执行行为提出异议的，人民法院不予受理。案外人撤回异议或者被裁定驳回异议后，再次就同一执行标的提出异议的，人民法院不予受理。

首先，关于吕某民主张其享有涉案地块上其中九间办公用房的所有权，据此请求法院停止对涉案地块上的厂房等采取强制执行措施。从该请求看，复议申请人吕某民系基于实体权利既提出排除执行异议又提出了对执行行为的异议，但其针对的执行标的均为位于涉案土地及地上物。根据法律规定，案外人基于实体权利既对执行标的提出排除执行异议又作为利害关系人提出执行行为异议的，人民法院应当依照《中华人民共和国民事诉讼法》第二百二十七条规定进行审查。北京市顺义区人民法院认定吕某民提出的异议属于执行行为异议错误，应予以纠正。复议申请人吕某民曾以案外人身份就涉案地块提起过案外人异议，在裁定驳回后又提起执行异议之诉，经审理终审判决驳回了其诉讼请求。现吕某民再次就同一执行标的提出异议，人民法院应不予受理，已经受理的，应裁定驳回异议申请。

其次，关于吕某民请求撤销北京市顺义区人民法院对拍卖标的物采取腾退执行行为一节。本案中，买受人已经通过司法拍卖程序获得拍卖标的物的所有权，执行实施机构将拍卖标的物腾退交付买受人系财产处置程序应有之义，实为执行行为的延续。而复议申请人吕某民曾对北京市顺义区人民法院针对同一拍卖标的物采取执行行为提出过执行行为异议，法院审查后驳回了吕某民的请求，相关裁定已经发生法律效力，现吕某民再次提出执行行为异议，根据法律规定应裁定驳回其申请。

综上，复议申请人吕某民提出的本次异议属于“重复提出异议”。据此，本院裁定：

一、撤销北京市顺义区人民法院（2019）京0113执异302号执行裁定；

二、驳回吕某民的异议申请。

【法官后语】

上述案例引发的是一个据以执行的生效法律文书派生出的异议、复议、执行异议之诉一审和二审案件多达十余件。诚然，人民法院在执行程序中面对的实际情况纷繁复杂，既要保障申请执行人的权利，又不能对被执行人的执行救济权加以限制。但是，引发我们思考的是执行程序中如何能够避免此类案件的发生，使申请执行人更快受偿，也同时避免司法资源的浪费。

强制执行的价值追求有二：一是执行的效率；二是执行的合法性和正当性，但此两项价值之间存在着一定的冲突和紧张。在义务人不主动履行执行根据所确定的义务时，法律规定，权利人可以向人民法院申请强制执行。一旦符合强制执行的条件，人民法院便可以通过实施相应的执行措施强制实现其权利。在执行程序中，如果出现不当或不合法的执行，法律赋予了当事人及当事人以外的公民、法人和其他组织提出执行异议的权利，即执行救济制度。

但在实践中，笔者发现执行救济制度易被异议申请人滥用，造成执行程序拖延。异议人所提出的异议请求及事实理由，大多没有事实和法律依据，很多情况是被执行人或利害关系人恶意利用执行行为异议程序规避执行，已严重影响了执行程序的顺利开展，并会造成恶劣影响：第一，使执行案件久拖不执，申请执行人的权益迟迟得不到应有的维护。第二，极大损害了司法权威。被执行人恶意利用执行审查程序的主要意图不仅是拖延执行程序，有些还据以要挟申请执行人达成和解减轻责任，使得生效执行依据的效力大打折扣。第三，浪费了司法资源。被执行人或者利害关系人一旦提起异议申请，即便是形式上没有正当法律依据的案件，人民法院都要审查，有的需要组织听证，其中有些还需要经过上级法院的执行复议程序，造成人民法院大量的人力、物力和时间的不必要浪费。

人民法院在审理该类案件时，首先，要注意类案检索。现有的执行办案系统中的“检索功能”为法官在办案时提供了很好的途径。在审查过程中，一般我们会进行谈话和要求被申请人进行答辩，注意在谈话和答辩中询问是否存在“重复提出申请”的情形，在案件审查之初即对案件做到全面了解。

其次，明确其针对的是生效执行依据提出的还是确实享有对标的的实体权利，应走审判监督程序。

笔者发现，多数案外人在执行程序中提出案外人异议其实质均是针对生效执行依据确定的权属不予认可。严格遵照执行依据所确定的内容执行，是强制执行工作应该遵循的基本原则，执行实施机构不得违背执行依据而变更执行内容。多数案件中，对于案外人以主体权利主张的异议请求，执行法院应就其理由进行分析，如其系针对生效执行确定的内容提出的，那么正确的救济途径应为审判监督程序，而不应是案外人执行异议之诉程序，那么此时案外人的权利不会中断案件的执行，也可避免案外人执行异议之诉审查影响案件执行进度。

最后，针对因该类情形拖延执行的情形，北京法院积累相关经验做法，并形成共识。北京法院通过2019年9月高、中级执行裁判庭庭长碰头会，达成了以下共识：在同一个执行案件或关联执行案件的执行过程中，多个案外人依据《中华人民共和国民事诉讼法》第二百二十七条的规定提出相同或相似的异议，可能对案件执行的效率造成较大影响的，可以通过本市三级法院或两级法院会商研究，予以妥善处理。共识考虑到了实践中面临的问题，在保证当事人合法救济权利的同时，执行案件的进程不能因此延缓。出现上述问题时，北京市高级人民法院的谨慎考虑和全面布局值得借鉴。笔者认为，执行效率仍是第一出发点，面对执行救济权可能产生滥用的情形，上下级法院应该联动，共同研究解决，避免上下级法院在不沟通的情况下，从单一案件角度考虑，可能出现对案件性质理解不全面的情况。

正如俗话所言，"甘蔗没有两头甜"，执行异议和复议程序也存在容易为被执行人滥用的弊端，《最高人民法院关于人民法院办理执行异议和复议案件若干问题的规定》建立了禁止重复提起异议等防止执行异议和复议程序被恶意利用的制度。执行机构办理案件中要注意上述问题的发现并随案研究形成统一的裁判尺度。在解决执行难的语境下，执行案件仍然出现爆发式增长的情况，相应出现的执行异议和复议案件层出不穷，但往往事件的发生必然带着答案和经验一同到来，只是探索答案和经验的过程需要法官的智慧。从相关类案分析到厘清是否针对原生效执行依据提出的异议再到上下级法院共同协商妥善解决，执行案件的数量增多是法官无法控制的，但对案件更好地进行审查和办理是每一位法官都在为之不断努力的方向。

编写人：北京市第三中级人民法院　李宏哲　戴梦依

28

和解协议迟延履行完毕能否申请执行

——招商银行广州机场路支行与宇宝公司等执行复议案

【案件基本信息】

1. 裁判书字号

广东省广州市中级人民法院（2019）粤01执复827号执行裁定书

2. 案由：执行复议纠纷

3. 当事人

复议申请人（申请执行人）：招商银行广州机场路支行

被执行人：宇宝公司、裕宝伟业公司、刘1章、刘2章、蔡某生、蔡某娟

【基本案情】

关于招商银行广州机场路支行诉宇宝公司等借款合同纠纷一案，执行法院于2016年10月20日作出（2015）穗云法民二初字第2277号民事调解书：（1）宇宝公司于2016年12月15日前归还招商银行广州机场路支行借款本金及利息、罚息5200000元；（2）宇宝公司于2016年12月15日前支付招商银行广州机场路支行案件受理费23520.5元、财产保全费5000元；（3）裕宝伟业公司、刘2章、刘1章、蔡某生、蔡某娟对宇宝公司基于上述调解协议第一项、第二项所负债务承担连带清偿责任；（4）招商银行广州机场路支行就上述调解协议第一项、第二项中宇宝公司所负债务对处理蔡某生、林某萍提供的蔡某生名下的房产所得价款享有优先受偿权；（5）如宇宝公司在2016年12月30日前未足额清偿本调解协议第一项、第二项所涉债务，裕宝伟业公司、刘2章、刘1章、蔡某生、蔡某娟在2016年12月30日前未承担连带清偿责任的，招商银行广州机场路支行可以以贷款本金5000000元及利息、罚息、复息合并计算本案受理费23520.5元、财产保全费5000元之总额，扣除已经支付的部分，余款作为执行标的物向法院申请执行。

招商银行广州机场路支行（甲方）与蔡某生、林某萍（乙方），蔡某娟、纪某峰（丙方），邓某林、黄某兰（丁方）于 2016 年 10 月签订协议书记载：“鉴于丁方欲购买甲方享有抵押权的、乙方和丙方享有所有权的不动产，各方经协商达成如下条款：第一条，为解决部分购房资金问题（指除车位外的两套房产），丁方可以自身名义向甲方及/或甲方上级单位申请贷款。第二条，本协议书签署之日起五个工作日内，丁方应在甲方开立个人账户（下称监管账户），并向监管账户存入不低于人民币 2350000 元的交易保证金，就该笔资金，丁方授权甲方可在甲方认可适合的任一时点进行冻结。第三条，甲方及/或甲方上级单位如审核同意贷款的（放款前提为丁方取得上述不动产产权后放款前必须将不动产抵押登记至甲方及/或甲方上级单位名下），上述交易保证金即全额转为购房款，且甲方有权将该资金全部划入甲方自己的账户；如甲方及/或甲方上级单位如审核同意贷款的金额加上上述人民币 235 万元交易保证金数额仍不足人民币 5200000 元，就不足部分，丁方应予以补足并供甲方扣往甲方账户；就该部分资金（指甲方从丁方账户上扣住甲方账户的资金）而言，1. 视为丁方就购房事宜已向乙方及/或丙方支付了等额的购买款；2. 甲方可在自己认为合适的时候全部用于偿还乙方及/或丙方抵押担保的宇宝公司所欠甲方的债务。第四条，在第四条述及的款项被甲方扣划后十个工作内，甲方向法院申请办理上述三套不动产的解除查封手续。在法院出具解除查封手续后五个工作日内，甲方、乙方、丙方、丁方同时向房地产登记管理部门申请办理上述不动产的涂销抵押、过户登记及再次抵押给甲方及/或甲方上级单位的手续……第六条，俟贷款划入甲方上述账户后，1. 视为丁方就购房事宜已向乙方及/或丙方支付了等额的购房款；2. 甲方可在自己认为适合的时候全部用于偿还乙方及/或丙方抵押担保的宇宝公司所欠甲方的债务……第十一条，本协议书约定事项应于 2016 年 12 月 30 日前完成（完成的时间标准为甲方收妥抵押物全部转让价款及因追索债权发生的全部费用）……”

2017 年，上述四方当事人又签订《补充协议》，对上述协议进行补充约定。补充部分主要如下：“本补充协议书签署之日起三个工作日内，丁方以自身名义向交易监管账户存入不低于 5200000 元的交易保证金。本补充协议约定事项应于 2017 年 2 月 28 日完成，逾期不能完成的，甲方有权单方解除《协议书》及本《补充协议》，且甲方无须承担任何责任……”

同年，招商银行广州机场路支行（甲方）与宇宝公司（乙方）、裕宝伟业公司（丙方）、刘2章（丁方）、刘1章（戊方）、蔡某生（己方）、林某萍（庚方）、蔡某娟（辛方）另外签订《补充协议》，再次就上述《协议书》补充约定如下："第一条，《协议书》第二条第二款、第三条、第四条约定的期限延长至2017年2月28日。第二条，鉴于第一条原因，自2016年12月31日起至甲方按照《协议书》及本《补充协议》收妥人民币5200000元及甲方为实现债权支出的全部费用期间，乙方应另外向甲方按照乙方所欠甲方融资本金5000000元的基数，以年化11.25%（日利率万分之三点一二五）的利率标准按天计付利息，并应在2017年2月28日之前全额向甲方偿付。第三条，丙方、乙方、戊方、己方、辛方就《补充协议》第二条所述乙方所欠甲方全部债务承担连带保证责任。第四条，本《补充协议》签署后，《协议书》与本《补充协议》不一致的，以本《补充协议》为准；如《协议书》及本《补充协议》的约定内容最终未能实现或未能全部实现，则甲方有权选择解除《协议书》及《补充协议》，并有权根据相关法律文书选择包括但不限于申请强制执行等途径追索乙方所欠甲方的全部融资债务，并有权向作为该债务保证人的丙方、丁方、戊方、己方、辛方追索债务……"

截至2017年2月20日，上述《补充协议》约定的交易监管账户中存款余额为5201358.75元。次日，执行法院依申请依法对涉案两套房产、一个车位进行解封。2017年2月27日，招商银行广州机场路支行在（2015）穗云法民二初字第2277号案的委托代理人李某发短信给异议人称"按协议约定，宇宝公司及各保证人需在2月28日之前向招行支付按年化11.25%支付的利息合计93750元及此前案件撤诉产生的诉讼费、保全费合计28520元，以上款项合计122270.5元。具体还款可联系李某辉"。异议人确认收到。2017年3月22日，招商银行广州机场路支行冻结划扣5200000元。招商银行广州机场路支行同时提交《广州市不动产登记查册表》作为证据，拟证实上述不动产分别于2017年3月16日、3月17日、3月29日登记至买方名下，故其才于2017年3月22日进行划扣。2017年3月30日，异议人发短信给李某称"我们这边按原定金额今天汇款，可以吗?"李某回复"好的，具体可以联系李某辉确认收款账户"。2017年3月31日，异议人通过汤某梅向招行银行股份有限公司广州分行（以下简称招行广州分行）转账122270.50元，用途备注"宇宝公司此尾款付清为结案、诉讼费"。2017年4月6日，招行广州分行将上述

122270.50元退还汤某梅，交易用途备注“按资保部指令退3.31汤某梅入账”。同日，李某发短信给异议人称“备注代宇宝公司还欠款”2017年4月11日，异议人通过刘2章转账招行广州分行122270.50元，备注“代宇宝公司结案还款”。后招商银行广州机场路支行向执行法院申请执行，执行法院于2017年7月10日以(2017)粤0111执5904号立案执行。2017年11月6日，招商银行广州机场路支行的委托代理人郑某、异议人、蔡某生来执行法院接受询问，异议人出示《补充协议》等证据后提出：根据协商，招行原经办人同意我方迟延还款，后因招行要求必须在招行做房屋按揭，但最终无法办理，才造成还款时间的迟延，为此原经办人也同意我方迟延还款，并减免了部分利息和罚息；因此，调解书所确定的权利义务已经双方协商变更，并履行完毕。郑某确认了相关证据的真实性，但表示“具体情况需与原经办人核实”。郑某立即核实后陈述：经核实，并与被执行人进行协商，我方同意与被执行人进行和解，即确认本案已经履行完毕。郑某的代理权限为一般代理，招商银行广州机场路支行随后没有提交特别授权的委托书，并另行委托了其他代理人，认为异议人没有严格按照协议履行。2018年1月8日，因经执行法院采取多项执行调查措施，未发现被执行人有其他可供本案执行的财产等，执行法院依法裁定终结本次执行程序。异议人刘1章对执行法院的执行行为不服，提出书面异议，请求不再对异议人采取强制执行措施。

【案件焦点】

申请执行人与被执行人之间的债权债务是否已经履行完毕。

【法院裁判要旨】

广东省广州市中级人民法院复议审理认为：本案的争议焦点是申请执行人与被执行人之间的债权债务是否已经履行完毕。根据本院查明的事实，本案的执行依据即（2015）穗云法民二初字第2277号民事调解书。该调解书作出后，各方当事人多次签订协议及补充协议，对上述调解书履行的具体方式作出了约定，并对履行期限进行了延长，被执行人最终按照约定的内容支付了相应的款项。复议申请人招商银行机场路支行认为本金5200000元、诉讼费28520.5元及自2016年12月31日起的利息的支付时间违反了各方协议的约定，要求继续执行。对此广州市中级人民法院认为，一方面，民事活动应当遵循诚实信用原则，执行前和解协议达成后，债务人应依约履行义务；债权人依约获得全部给付后，不得再依据生效法律文书向法院申请强制执行。本案中各方当事人达成的协议合法有效并已履行完毕，基于公平和诚实信用原则，即使履行存在瑕疵，也不应再立案申请执行。另一方面，《最高人民法院关于〈中华人民共和国民事诉讼法〉的解释》第四百六十七条规定："……和解协议已经履行完毕的，人民法院不予恢复执行。"《最高人民法院关于执行和解若干问题的规定》第十五条规定："执行和解协议履行完毕，申请执行人因被执行人迟延履行、瑕疵履行遭受损害的，可以向执行法院另行提起诉讼。"本案中，虽然各方当事人达成的协议系在申请执行前达成，但其与执行过程中达成的和解协议在性质上是相同的，都是法律文书生效后，当事人对法律文书确定的债权债务关系的自行处分，执行前的和解是否得到履行，与执行中的和解是否得到履行，具有相同的法律效果。因此，执行前的和解可以比照执行中的和解来处理。对于执行中达成的执行和解协议已经履行完毕的，人民法院不予恢复执行，本案尚未进入执行程序，各方签订的协议已经履行完毕，更不应该立案执行。参照上述司法解释的规定，对被执行人迟延履行的，复议申请人可以另循法律途径解决。再者，综观本案的履行过程，被执行人一直在积极主动履行各方所签订的协议，主观并无怠于履行其义务的故意，且复议申请人招商银行广州机场路支行并无证据证实其在被执行人履行协议的过程中提出过异议，反而在被执行人履行完毕后向法院申请执行，亦有违情理。综上所述，执行法院认为复议申请人招商银行广州机场路支行向执行法院申请执行不符合执行案件的受理条件并无不当，应予维持。复议申请人招商银行广州机场路支行的复议请求不能成立，应予以驳回。故裁定：驳回复议申请人招商银行广州机场路支行的复议申请，维持广东省广州市白云区人民法院作出的（2018）粤0111执异87号执行裁定。

【法官后语】

民事执行和解是我国民事强制执行程序中一项重要的法律制度，对此最高人民法院先后在《中华人民共和国民事诉讼法》及其司法解释，以及关于执行的多个司法解释中有所规定。然而，司法实践中出现得较多的另一类和解则是执行前和解。所谓执行前和解，是指当事人在一审判决作出后尚未生效前，或者判决生效后向法院申请强制执行前，对原法律文书的履行内容达成的变更协议。对执行前和解，目前现行的立法基本未涉及。关于执行前和解的性质、效力及争议的解决存在较多的争议，特别是针对实践中出现的执行前和解协议瑕疵履行的情形如何处理，缺乏统一规范。因此，有必要对该问题予以研究和梳理，以期在处理这类案件时能够有相对统一的处理原则。

（一）民事执行前和解协议的性质与执行中和解协议不同，不能产生中止执行的法律后果

执行前和解协议包括判决生效后达成的执行前和解协议和一审判决作出后尚未发生效力前达成的执行前和解协议。执行前和解协议与执行中和解协议性质不同，主要体现在如下几个方面：(1) 作出的时间不同。执行前和解协议产生于生效判决作出后、强制执行程序启动前；执行中和解协议则产生于强制执行程序中。(2) 调整的法律规范不同。执行前和解是双方当事人达成的协议，受民事实体法律的规范和调整；执行中和解协议则进入司法程序，受民事实体法和民事诉讼法的规范和调整。(3) 作出时法律文书的效力不同。执行前和解协议作出时判决有可能是生效的也有可能尚未生效，而执行中和解协议作出时判决已经生效。(4) 具有的法律效力不同。执行前和解协议是当事人私下达成的协议，不具有公法上的效力；而执行中和解协议的效力则有法律明确规定，具有中止强制执行程序的法律后果。例如，《最高人民法院关于执行和解若干问题的规定》第二条规定："和解协议达成后，有下列情形之一的，人民法院可以裁定中止执行：（一）各方当事人共同向人民法院提交书面和解协议的；（二）一方当事人向人民法院提交书面和解协议，其他当事人予以认可的；（三）当事人达成口头和解协议，执行人员将和解协议内容记入笔录，由各方当事人签名或者盖章的。"第十九条规定："执行过程中，被执行人根据当事人自行达成但未提交人民法院的和解协议，或者一方当事人提交人民法院但其他当事人不予认可的和解协议，依照民事诉讼法第二百二十五条规定提出异议的，人民法院按照下列情形，分别处理：……（二）和解协议约定的履行期限尚未届至或者履行条件尚未成就的，裁定中止执行，但符合民法典第五百七十八条规定的情形除外；（三）被执行人一方正在按照和解协议约定履行义务的，裁定中止执行……"从上述司法解释的规定可以看出，执行和解协议不仅仅体现了当事人各方的自由意志，同时也赋予了其中止强制执行程序的法律效力。而执行前和解协议，由于其更多的是当事人对其权利实现程序的选择，体现了意思自治的本质。但由于

此时双方的争议尚未进入执行程序，双方签订的和解协议并非法律意义上的执行和解协议，也不具有变更或者排除生效判决的法律效力。在此情况下的和解协议只能由双方自愿履行，在一方不愿履行的情况下，双方签订的和解协议不能产生阻却执行的法律效果，申请执行人申请执行生效判决并无不当。对此最高人民法院于2011年12月20日发布的指导性案例2号“吴梅案”的裁判理由对此予以明确：“西城纸业公司未按和解协议履行还款义务，违背了双方约定和诚实信用原则，故对其以双方达成和解协议为由，主张不予执行原生效判决的请求不予支持。”

（二）民事执行前和解协议履行完毕的，可以参照执行中和解协议履行完毕的相关规定处理

虽然民事执行前和解协议由于其私法性质，不具有中止强制执行程序的法律效力。但是，即使是当事人在执行程序外达成的和解协议，也是通过合意解决生效裁判执行问题的方式，其内容亦是对原生效法律文书债权实现与债务履行作出的新的约定，与执行和解并无本质不同。在处理与生效判决的关系上，二者有相似之处。首先，从两者达成的目的看，最终都是不启动强制执行程序或者终结强制执行程序而实现权利义务。其次，二者都与原判决并存，都需要处理在此状态下产生的争议。最后，两种协议履行完毕的，都可以产生消灭生效法律文书权利义务关系的效力。对此，目前的法律仅对执行和解协议进行了规定。如《最高人民法院关于适用〈中华人民共和国民事诉讼法〉的解释》第四百六十七条规定：“……和解协议已经履行完毕的，人民法院不予恢复执行。”《最高人民法院关于人民法院执行工作若干问题的规定（试行）》（2008年）第八十七条规定：“当事人之间达成的和解协议合法有效并已履行完毕的，人民法院作执行结案处理。”《最高人民法院关于执行和解若干问题的规定》第八条规定：“执行和解协议履行完毕的，人民法院作执行结案处理。”至于执行前和解协议，在法律没有明确规定的情形下，司法实践中对此的处理最早可见《最高人民法院执行工作办公室致山东省高级人民法院的复函》（2003年12月1日〔2003〕执他字第4号），该复函答复：当事人之间在执行前达成的和解协议，具有民事合同的效力。但协议本身并不当然影响债权人申请强制执行的权利。债权人在法定的申请执行期限内申请执行的，人民法院应当受理。该复函同时指出：鉴于我国目前尚无债务人异议之诉制度，执行法院应当在实际开始执行前对此予以审查核实。如果四方协议确实已经履行了，则说明原调解书确定的债

务已经消灭，不能再以该调解书为依据强制执行；否则可以强制执行。从上述复函的内容看，首先，如前文分析所述，执行前和解协议不能产生阻却执行的法律后果；其次，执行前和解协议确已履行完毕的，不应该再进入强制执行程序。因为和解协议的达成，通常是债权人作出了一定的让步。根据诚实信用原则，债务人应当按照和解协议履行义务。若债务人不履行该和解协议，按照原判决的执行可视为对其不诚信行为的惩罚。这既是尊重当事人的自由处分权，也是维护生效判决的权威的处理方法。在债务人不按照和解协议履行义务的情况下，债权人有权申请强制执行以维护自身利益。由于债务人已通过自身行为否定了该和解协议，则不能再以和解协议作为自己对抗生效判决的理由，否则即违反诚实信用原则。此外，如果债务人按照执行和解协议的约定履行完毕，则基于诚实信用原则，债权人不应再申请强制执行。

（三）民事执行前和解瑕疵履行可视为履行完生效判决的义务的情形下，不能申请强制执行

在履行民事执行前和解协议的时候，可能存在瑕疵履行的情况，导致当事人各方对此产生争议，尤其是在该和解协议已经履行完毕的情况下，能否申请执行，法律及司法解释亦无明确规定。最高人民法院先是有了对执行和解协议履行瑕疵问题的答复，后才有了关于执行前和解协议瑕疵履行的案例。最高人民法院在2005年6月24日给四川省高级人民法院《关于云南江川龙翔实业有限责任公司申请执行四川省烟草公司资阳分公司简阳卷烟营销管理中心债务纠纷一案请示的答复》（〔2005〕执监字第24－1号）中明确：根据我国民事诉讼法和我院司法解释的有关规定，执行和解协议已履行完毕的，人民法院不予恢复执行。本案执行和解协议的履行尽管存在瑕疵，但和解协议确已履行完毕，人民法院不予恢复执行。至于当事人对迟延履行和解协议的争议，不属执行程序处理，应由当事人另诉解决。自2018年3月1日起施行的《最高人民法院关于执行和解若干问题的规定》第十五条对该情形作了明确规定："执行和解协议履行完毕，申请执行人因被执行人迟延履行、瑕疵履行遭受损害的，可以向执行法院另行提起诉讼。"至于执行前和解协议的情形，最高人民法院在2019年12月24日发布的最高人民法院指导性案例第119号中认定当事人各方签订的案涉《和解协议书》合法有效且已履行完毕，若申请执行人认为被执行人延期付款对其造成损害，可另行提起诉讼解决，而不能仅以

此为由申请执行原生效判决。

回到本案的处理，各方当事人在执行依据作出后签订协议，对调解书履行的具体方式作出了约定，并对履行期限进行了延长，被执行人最终按照约定的内容支付了相应的款项。虽然支付时间与协议约定相比有所迟延，但是综观本案的履行过程，被执行人一直是在积极主动履行协议，并通过短信与申请执行人的代理人进行协商沟通，主观上并无怠于履行义务的故意，且申请执行人并无证据证实其在被执行人履行协议的过程中提出过异议，反而在被执行人履行完毕后向法院申请执行，违反了诚实信用原则。本案中，虽然各方当事人达成的协议系在申请执行前达成，但其与执行过程中达成的和解协议在性质上是相同的，都是法律文书生效后，当事人对法律文书确定的债权债务关系的自行处分，执行前的和解是否得到履行，与执行中的和解是否得到履行，具有相同的法律效果。因此，执行前的和解可以比照执行中的和解来处理。对于执行中达成的执行和解协议已经履行完毕的，人民法院不予恢复执行，本案尚未进入执行程序，各方签订的协议已经履行完毕，更不应该立案执行。即使履行存在瑕疵，参照最高人民法院指导性案例的处理原则以及《最高人民法院关于执行和解若干问题的规定》的规定，对被执行人迟延履行的，复议申请人可以另循法律途径解决。

综上所述，法院在处理执行前和解协议的迟延履行瑕疵争议时，应根据诚实信用原则，注意审查执行前和解协议的履行情况，如执行前和解协议合法有效并已履行完毕的，被执行人在履行协议过程中主观上并无故意拖延或规避执行的故意，客观上也无未足额履行的行为，仅仅存在迟延履行的瑕疵，而该瑕疵又并未对申请执行人的权益造成重大损害，法院应当认定和解协议已经履行完毕，基于公平和诚实信用原则，应作执行结案处理，不应再按照生效判决强制执行。如果申请执行人认为被执行人迟延履行和解协议的行为造成其损失，可以向法院另行提起诉讼解决。

编写人：广东省广州市中级人民法院　符锐兰　刘皓

六、查封

29

明显超标的查封异议案件的审查

——金石蒙荣公司执行行为异议案

【案件基本信息】

1. 裁判书字号

北京市第三中级人民法院（2019）京03执异316号执行裁定书

2. 事由：被执行人执行行为异议

3. 当事人

异议人（被执行人）：金石蒙荣公司

申请执行人：中信信托公司

被执行人：金石蒙荣幕墙门窗集团、科建公司、富源公司、万合商贸公司（原公司名称：内蒙古金石蒙荣商贸股份有限公司）、石某军、哈某

【基本案情】

中信信托公司与金石蒙荣幕墙门窗集团、金石蒙荣公司、科建公司、富源公司、万合商贸公司及石某军、哈某公证债权文书一案，北京市方圆公证处作出（2013）京方圆内经证字第51056号、第51058号、第51059号、第51060号、第51061号、第51062号、第51063号、第51064号、第51065号、第51066号、第51067号、第51068号公证书，（2014）京方圆内经证字第09899号、第23927号、第23928号、第09900号公证书，（2015）京方圆内经证字第24456号、第24457

号、第00872号、第00871号公证书和（2016）京方圆执字第0107号执行证书（以下简称107号执行证书）。107号执行证书确认以下事实：（1）金石蒙荣公司与中信信托公司签订《抵押合同Ⅰ》，约定金石蒙荣公司以其持有的国有土地使用权证为呼国用（2005）第01021号的项下950.3平方米国有土地使用权及在该土地使用权上建设的云鼎项目（7174.89平方米）在建工程向中信信托公司提供抵押担保。（2）科建公司与中信信托公司签订《抵押合同Ⅱ》及补充协议、《抵押合同Ⅳ-1》、《抵押合同Ⅳ-2》、《抵押合同Ⅳ-3》、《抵押合同Ⅳ-4》，约定科建公司以其持有的国有土地使用权证为呼国用（2011）第00071号的49076.56平方米国有土地使用权及该土地使用权上建设的金石香墅岭项目向中信信托公司提供抵押担保。（3）富源公司与中信信托公司签订《抵押合同Ⅲ》及补充协议，约定富源公司以其持有的国有土地使用权证为呼国用（2008）第00205号的8000.55平方米国有土地使用权及对应的富城家园项目（20708.13平方米）在建工程向中信信托公司提供抵押担保。（4）万合商贸公司与中信信托公司签订《股权质押合同Ⅰ》，约定万合商贸公司以其持有的金石蒙荣幕墙门窗集团26.67%的股权向中信信托公司提供质押担保。（5）石某军与中信信托公司签订《股权质押合同Ⅱ》，约定石某军以其持有的金石蒙荣幕墙门窗集团37.40%的股权向中信信托提供质押担保。（6）哈某与中信信托公司签订《股权质押合同Ⅲ》和《股权质押合同Ⅵ-2》，约定哈某以其持有的金石蒙荣幕墙门窗集团35.93%的股权、科建公司20%的股权向中信信托公司提供质押担保。（7）金石蒙荣公司与中信信托公司签订《股权质押合同Ⅳ》、《股权质押合同Ⅴ》和《股权质押合同Ⅵ-1》，约定金石蒙荣公司以其持有的科建公司合计80%的股权和富源公司62.5%的股权向中信信托公司提供质押担保。上述执行证书载明，执行标的为：贷款本金1.98亿元及相应的利息、相关费用，金石蒙荣公司对主合同项下的全部债务承担抵押担保、质押担保、连带保证责任。科建公司、富源公司对主合同项下的全部债务承担抵押担保责任。万合商贸公司对主合同项下的全部债务承担质押担保责任。石某军、哈某对主合同项下的全部债务承担质押担保、连带保证责任。

2017年5月，因被执行人未履行生效法律文书确定的义务，中信信托公司依据上述公证债权文书向本院申请强制执行，本院以（2017）京03执407号立案执行。执行过程中，本院查封了金石蒙荣公司名下国有土地使用权证为呼国用（2005）第

01021 号的面积 9000 平方米的土地使用权及对应的云鼎项目（7174.89 平方米）在建工程（共 840 户，其中 27 户为轮候查封，其余为首封）；呼房权证新城区字第 2013 ×××××× 号房产、呼房权证玉泉区字第 2009 ×××××× 号房产、呼和浩特市玉泉区五塔寺东街 12 号 2 – 05 – 02 – 07 号地块的土地使用权；呼房权证新城区字第 2013 ×××××× 号、第 2012 ×××××× 号、第 2012 ×××××× 号、第 2013 ×××××× 号、第 2013 ×××××× 号、第 2013 ×××××× 号、第 2013 ×××××× 号、第 2012 ×××××× 号的房产；呼房权证新城区字第 2012 ×××××× 号、第 2012 ×××××× 号、第 2012 ×××××× 号的房产；呼房权证玉泉区字第 2005 ×××××× 号、第 2007 ×××××× 号的房产；呼房权证回民区字第 2005 ×××××× 号的房产；呼和浩特市回民区东洪桥街北的 3 – 03 – 07 – 160 号地块的土地使用权、呼房权证回民区字第 2006 ×××××× 号的房产；国有土地使用权证为呼国用（2006）第 00155 号土地使用权。上述房产及土地使用权抵押给了包商银行股份有限公司北京分行等权利人。本院冻结了金石蒙荣公司持有的科建公司 80% 的股权、持有的富源公司 62.5% 的股权、持有的内蒙古光明宸房地产开发有限公司 90% 的股权、持有的内蒙古汇商投资有限公司 10% 的股权、持有的内蒙古呼和浩特金谷农村商业银行股份有限公司的全部股权。

此外，本院还查封了其他被执行人名下的财产，包括查封了科建公司名下国有土地使用权证为呼国用（2011）第 00071 号的面积为 49076.56 平方米的土地使用权及对应的金石香墅岭项目在建工程（2 – 8 号楼、S1 – S4 号、S6 号商业楼、地下车库，共 855 户，均为首封）；查封了富源公司名下国有土地使用权证为呼国用（2008）第 00205 号项下面积为 9362 平方米的土地使用权及对应的富城家园项目（20708.13 平方米）在建工程（综合商业楼、1 号商业楼，共 302 户，均为首封）；冻结了金石蒙荣幕墙门窗集团持有的金石蒙荣公司 71.15% 的股权、持有的内蒙古原野置业有限公司 73.33% 的股权；冻结了万合商贸公司持有的金石蒙荣幕墙门窗集团 26.67% 股权。查封了石某军名下呼房权证赛罕区字第 2004 ×××××× 号房产并冻结石某军持有的金石蒙荣幕墙门窗集团 37.4% 的股权、金石蒙荣公司 20.2% 股权、内蒙古原野置业有限公司 10% 股权、万合商贸公司 51% 股权、内蒙古金创典当有限公司 9.81% 股权。查封了哈某名下位于北京市朝阳区北辰西路 × 号 × 至 × 层 × 单元 × 的房产（房产证号为 × 京房权证朝字第 99 ×××× 号，轮候查封），冻结了哈某持有的科建公司 20% 股权、金石蒙荣幕墙门窗集团 35.93% 股权、金石蒙荣公司 8.65% 股权、内蒙古原野置业有限公司16.67%股权、万合商贸公司49%股权、内蒙古金创典当有限公司9.81%股权。

上述查封的财产中，国有土地使用权证为呼国用（2005）第01021号的项下950.30平方米国有土地使用权及其上的云鼎项目在建工程、呼国用（2011）第00071号的49076.56平方米国有土地使用权及其上建设的金石香墅岭项目在建工程、呼国用（2008）第00205号的8000.55平方米国有土地使用权及其上建设的富城家园项目在建工程均为107号执行证书列明的已经抵押给申请执行人中信信托公司的财产，其余查封的房产（除哈某名下的房产外）及土地使用权抵押给了多家金融机构以及公司和个人。另外，上述三项在建工程商品房已被大量销售，本院查封后，有众多购房人以其已实际购买房屋为由，要求解除查封，经过本院及北京市高级人民法院审理，现已有大部分案外人的异议请求在执行异议以及异议之诉中得到支持，目前仍有其他案外人的异议还在审理中。

2018年1月19日，内蒙古呼和浩特金谷农村商业银行股份有限公司向本院来函称，金石蒙荣公司在该行持有股份687117股，已于2016年4月28日转出，现无任何股权，无法协助本院办理股权冻结手续。

本院查封的金石蒙荣公司名下呼房权证回民区字第2005××××××号的房产，因案外人呼和浩特市回民区人民政府向本院提出异议，本院已于2019年9月2日依法解除对该房产的查封。

因富源公司申请，经中信信托公司同意，本院作出（2017）京03执407号之二执行裁定，解除对富程家园×号商业楼28套房产的查封。

2019年6月，本院执行实施部门已委托呼和浩特市中凯临资产评估（普通合伙）事务所对本案中查封的多项股权价值进行评估，截至本书交稿正在评估过程中。

金石蒙荣公司向本院提供两份由内蒙古景通房地产评估有限公司出具的《房地产抵押估价报告》用以证明其主张，两份《房地产抵押估价报告》显示委托方为金石蒙荣公司，估价项目分别为富城家园部分房地产抵押价格评估、金石香墅岭部分房地产抵押价格评估。

【案件焦点】

法院对被执行人财产的查封冻结是否存在明显超标的的情形。

【法院裁判要旨】

北京市第三中级人民法院经审理认为：被执行人未履行生效法律文书所确定的义务，本院有权对其名下的财产采取查封、冻结措施。本案争议的焦点为对被执行人财产的查封是否存在明显超标的的情形。查封的财产在被最终处置前，难以明确其价值，可结合查封财产与债权债务的关联性、是否有影响债权实现的其他权利以及财产属性、评估价值等因素综合判断。

首先，从查封财产与执行案件债权债务的关系上看，“云鼎项目”、“金石香墅岭项目”和“富城家园项目”三处在建工程及相关的土地使用权以及部分股权系执行案件所涉及的信托贷款合同关系产生时作为主债权实现的担保物，在公证书、执行证书中已被确认，因此，不存在担保物价值超标的问题。金石蒙荣公司提交的估价报告为单方委托作出，申请执行人对该估价报告不予认可，根据《最高人民法院关于人民法院委托评估、拍卖工作的若干规定》，该估价报告不符合关于对资产评估法定程序的相关规定，因此不能作为判定查封是否明显超标的的依据。被执行人将上述在建工程大量出售，已有众多购房人作为案外人提出异议，并且大部分案外人的异议在执行异议和异议之诉已得到人民法院支持，其他案外人异议还在审理中，因此，本案异议人金石蒙荣公司把大量出售的在建工程计算在超标的查封的财产价值范围内，其理由明显不充分。

其次，从查封财产存在的影响债权实现的其他权利来看，除上述三处在建工程及相应的土地使用权外，本案查封的其他房屋和土地存在抵押及轮候查封的情形，抵押财产将来处置后应优先清偿抵押权人，剩余部分价值才能计入查封财产价值范围内。轮候查封措施尚未发生效力，轮候查封的房屋价值也不应计入查封财产的价值范围内。

最后，从查封冻结财产的属性看，本案冻结的股权系非上市公司股权，在未经评估、拍卖前，股权价值无法确定，现评估程序正在进行中。

综上所述，本院认为，本案对被执行人财产的查封并不存在明显超标的的情形，故对金石蒙荣公司的异议请求，本院不予支持。

【法官后语】

本案系人民法院审理明显超标的查封异议案件的典型案例。案件进入执行程序后，法院会对被执行人的财产采取查控措施。根据《最高人民法院关于人民法院民事执行中查封、扣押、冻结财产的规定》第十九条规定，查封、扣押、冻结被执行人的财产，以其价额足以清偿法律文书确定的债权额及执行费用为限，不得明显超标的额查封、扣押、冻结。但在现实执行过程中，经常会遇到被执行人的财产数量较多、财产无法直接确定价值、无法变现等情况，法院在对这些财产采取措施后，被执行人以不能明显超标的查封为由对法院的查封措施提出异议，执行审查部门对该异议进行审查，本案就是该类案件的典型。

本案查封的被执行人的财产范围广，包括房产、土地使用权、股权，数量众多且情况复杂，存在抵押质押、轮候查封以及案外人异议无法确定价值等情况，在审查过程中，无法直接判断查封是否存在明显超标的的情形，只能在参考财产性质、权属、是否存在影响债权实现的其他权利等多方因素的基础上进行综合判断。本案对财产情况进行了逐类分析：(1) 在查封的财产中，有部分是执行案件涉及的信托贷款合同关系产生时的作为主债权实现的担保物，该部分财产系异议人认可的主债权实现的担保，故该部分财产在无其他反证证实的前提下，不能认定其价值明显超出执行标的，法院对这部分财产采取查封措施并无不当。且有部分财产已经有案外人以享有所有权为由提出异议并且得到法院的支持，这部分财产自然不能包括在查封的财产价值范围内。(2) 对于有抵押及轮候查封的财产。本案大部分房屋和土地都设有抵押，抵押权人为案外人，此部分财产在变价后所得款项应先确保优先受偿权人权利实现后剩余部分方能用于清偿本案债务，考虑到本案财产涉及的抵押权人众多、抵押债权数量大，有的一套房产分别抵押给多个案外人，在异议审查阶段，无法做到对每一笔抵押都核查清楚，且被执行人债务较多，将来即使处置房屋，实现抵押权后未必有剩余价值，故结合审查经验，对该类设抵押的财产未计入查封财产的价值，也避免了司法审查资源的浪费。轮候查封的财产是没有争议的，因为轮候查封并未实际发生查封效力，相应其财产也不计入查封的财产价值范围内。(3) 本案冻结大量股权，均非上市公司股权，没有明确的价值判断标准，法院统一全部进行了查封。考虑到执行实施程序中对被执行人财产的查控以清偿申请执行人债权为目的，其最终实现很大程度上依赖于被执行人查封财产的市场变现价值，不能单纯以融资发生时估价或相关股权的净资产判断其价值，故在对股权的评估没有出结果前，法院也不宜作查封是否明显超标的的认定。

综上，法院在结合执行实施案件的实际情况及查封财产的实际状况基础上，综合认定对被执行人财产的查封并不存在明显超标的的情形。目前各个法院都有类似的案件，可能确实存在法院对被执行人财产采取的措施明显超标的的情形，但也不乏被执行人恶意以超标的查封为由提异议阻碍执行，这就需要在执行审查过程中，参考多方面因素，凭借法官的经验、智慧和良知，综合判断查封的财产是否明显超过执行标的额。

编写人：北京市第三中级人民法院　吴鸣　李畅

30

案外人针对执行法院轮候查封的被执行人名下的房屋提出的执行异议之诉不应受理

——王某云诉马某敦等执行异议之诉案

【案件基本信息】

1. 裁判书字号

北京市第一中级人民法院（2020）京 01 民终 1731 号民事裁定书

2. 案由：执行异议之诉

3. 当事人

原告（上诉人）：王某云

被告（被上诉人）：马某敦

第三人：孟某岗、世民博公司

【基本案情】

王某云与孟某岗于 2001 年 1 月 4 日登记结婚，于 2012 年 11 月 29 日登记离婚。

马某敦与世民博公司、孟某岗合同纠纷一案，我院经审理于2017年12月28日作出（2017）京0114民初12403号民事判决书，判决：（1）世民博公司给付马某敦欠款15万元，于本判决生效后七日内给付；（2）世民博公司按日万分之六的利率给付马某敦所欠款项的违约金（以5万元为基数，自2017年5月1日起计算至实际付清之日止；以10万元为基数，自2017年10月2日起计算至实际付清之日止）；（3）孟某岗对上述第一、二项内容承担连带保证责任，并可在承担保证责任后向世民博公司追偿；（4）驳回马某敦其他诉讼请求。上述判决生效后，世民博公司、孟某岗未按时履行生效法律文书确定的义务，2018年3月14日，马某敦向我院申请强制执行，我院以（2018）京0114执3390号立案执行。在本案执行过程中，我院于2018年6月6日作出（2018）京0114执3390号执行裁定书和协助执行通知书，轮候查封了孟某岗名下的坐落于大兴区乐园路×号院×号楼×层×单元×室房屋（以下简称涉案房屋）。案外人王某云就此向我院提出书面异议，认为涉案房屋是其与孟某岗婚姻关系存续期间所购买，是夫妻共同共有的财产，虽然其已于2012年11月29日离婚，但离婚时并未对该房屋进行分割，故请求我院停止对涉案房屋的执行。我院经审理于2019年4月22日作出（2019）京0114执异91号执行裁定书，裁定驳回王某云的异议请求。王某云遂提起执行异议之诉，请求法院判令停止对涉案房屋的执行，并且依法确认涉案房屋为王某云和孟某岗共同所有。

【案件焦点】

本案系案外人针对执行法院轮候查封的被执行人名下房屋的执行行为提起的执行异议而产生的执行异议之诉，是否符合法律规定的执行异议之诉的受理范围。

【法院裁判要旨】

北京市昌平区人民法院经审理认为：本案是案外人王某云对我院于2018年6月6日作出（2018）京0114执3390号执行裁定书和协助执行通知书，轮候查封被执行人孟某岗名下涉案房屋的执行行为提起的执行异议而产生的执行异议之诉。《最高人民法院关于人民法院民事执行中查封、扣押、冻结财产的规定》（2008年）第二十八条第一款规定，对已被人民法院查封、扣押、冻结的财产，其他人民法院可以进行轮候查封、扣押、冻结。查封、扣押、冻结解除的，登记在先的轮候查封、扣押、冻结即自动生效。本案系王某云对涉案房屋的轮候查封行为提出的执行异议之诉，但是轮候查封自在先的查封解除时自动生效。现（2018）京 0114 执 3390 号执行案件中的轮候查封并未生效，我院依照《中华人民共和国民事诉讼法》第一百五十四条、第一百六十四条第二款、第二百二十七条，《最高人民法院关于人民法院民事执行中查封、扣押、冻结财产的规定》第二十八条之规定，裁定驳回王某云的起诉。

后王某云不服我院裁定，向上诉于北京市第一中级人民法院，二审法院经审理，认为案外人提起执行异议之诉所要解决的问题实质是案外人是否对执行标的享有足以阻止强制执行的民事权益。如果案外人享有足以阻止强制执行的民事权益，则可以据此要求执行法院停止对执行标的的强制执行。即只要停止针对执行标的强制执行，案外人的民事权益即得到保障。本案系案外人王某云对一审法院针对涉案房屋实施的轮候查封行为有异议提起的执行异议之诉，即便一审停止实施轮候查封行为，因有在先的查封行为存在，王某云所主张的民事权益也无法通过停止执行轮候查封行为得到保障。因此，王某云对涉案房屋的轮候查封行为并不具有法律上的直接利害关系，一审法院对王某云针对涉案房屋的轮候查封行为提出的执行异议之诉不应受理，已经受理的应当裁定驳回起诉。故二审法院同意一审法院裁判意见。二审法院依照《中华人民共和国民事诉讼法》第一百七十条第一款第一项、第一百七十一条规定，裁定驳回上诉，维持原裁定。

【法官后语】

本案系案外人针对法院执行中轮候查封的被执行人名下的房屋主张民事权益提起执行异议而产生的执行异议之诉，争议的焦点是本案是否符合法律规定的执行异议之诉的受理范围，这需要厘清以下两个问题：（1）轮候查封的效力；（2）案外人异议审查的价值。

关于第一个问题，根据《最高人民法院关于人民法院民事执行中查封、扣押、冻结财产的规定》（2020 年）第二十六条第一款规定，对已被人民法院查封、扣押、冻结的财产，其他人民法院可以进行轮候查封、扣押、冻结。查封、扣押、冻结解除的，登记在先的轮候查封、扣押、冻结即自动生效。从司法解释的规定来看，轮候查封有别于正式查封。正式查封的实质在于禁止或者限制被执行人处分其名下某特定财产，直接影响其对该财产的占有、使用和收益。轮候查封则是一种法院已经作出，但尚未生效的执行措施，在性质上不属于查封，它只有一种预期效力。也就是说，正式查封的效果能使被执行人绝对丧失对查封财产的处分权，而轮候查封是对其他人民法院已经查封的财产，执行法院依次按时间先后在登记机关进行登记，排队等候。如果前一顺位查封解除，轮候查封自然发生查封之效力；如果人民法院对已查封的全部财产进行处分，该财产上的轮候查封自始未产生查封的效力。因此，在查封未依法解除或者未执行完毕之前，轮候查封的效力仍然是未定状态。

关于第二个问题，案外人提起执行异议之诉所要解决的问题实质是案外人对执行标的是否享有足以排除强制执行的民事权益。如果案外人就执行标的享有足以排除强制执行的民事权益，则可以判决不得执行该执行标的。即只要停止针对执行标的的强制执行，则案外人的民事权益即得到保障。

从某种程度上说，轮候查封仅是排队等候的权利，在转化为正式查封之前，这种排队等候的权利不是使被执行人丧失对财产的处分权的原因，也不会产生强制执行的效果，更不会损害案外人对标的物享有的实体权利，即轮候查封实质上没有产生法律效力。具体到本案中，案外人王某云对我院执行过程中轮候查封的被执行人名下房屋提起的执行异议之诉，即便判决停止实施轮候查封行为，因有在先的查封行为存在，故王某云所主张的民事权益无法通过停止执行轮候查封行为得到保障。因此，案外人针对轮候查封所提出的执行异议之诉，应当不予受理。

综上，轮候查封在性质和效力上属于临时性措施，该司法强制措施的作用在于确保轮候查封债权人能够取得在先查封债权人从查封物中所得利益的剩余部分，防止债务人转移财产，客观上未对查封标的物进行处置，即便将来进入执行程序，具体还有多少财产可用于实现本案的债权，尚取决于在先查封案件的执行情况，故此时案外人对执行标的主张排除执行的理由与事实不符。本案例提供了一个重要的分析样本，通过对相关制度的法律性质的分析，确立了对案外人权利保护的条件和标准。最后，我们更倾向于这一种思路，轮候查封在未转化为正式查封之前，仅是一种效力待定的执行行为，案外人如仅针对轮候查封的标的物提起执行异议，不属于执行异议之诉的受理范围，案外人坚持提起异议之诉的，应当不予受理，已经受理的，应当裁定驳回起诉，并告知其应当针对正式查封主张权利，待正式查封解除，即轮候查封自动变为生效查封后，再行提起案外人异议。

编写人：北京市昌平区人民法院　邵敏　王慧霞

31

涉案房产是否属于超标的查封的认定规则

——穆某诉佟某执行异议之诉案

【案件基本信息】

1. 裁判书字号

北京市西城区人民法院（2019）京0102执异310号执行裁定书

2. 案由：执行异议之诉

3. 当事人

异议人（被执行人）：穆某

申请执行人：厦门国际银行北京分行

申请执行人：佟某

【基本案情】

2018年8月24日，北京市中信公证处依据（2016）京中信内经证字70701号－70702号、（2017）京中信内经证字101815号公证书，作出（2018）京中信执字01354号执行证书："执行标的：1. 借款本金人民币壹仟肆佰玖拾万元整；2. 截至2018年8月7日的欠付利息、罚息、复利人民币壹拾柒万叁仟叁佰壹拾伍元肆角整；3. 自2018年8月8日起至欠款清偿之日止的利息、罚息、复利（均按合同约定计算，具体算法以合同约定为准）；4. 公证费人民币贰万玖仟捌佰元整。责任范围：1. 穆某作为债务人，就上述债务向厦门国际银行北京分行承担清偿责任；2. 穆某作为抵押人，以其名下位于北京市西城区的约定抵押财产就上述债务向厦门国际银行北京分行承担抵押责任。"

厦门国际银行北京分行向北京市西城区人民法院申请强制执行。2019年2月13日，本院以（2019）京0102执5300号案件立案执行。

2019年3月1日，执行实施部门冻结了穆某名下银行存款，实际控制5万余元。

2019年3月13日，本院执行实施部门对穆某名下涉案房屋进行查封。

2019年3月1日，本院作出（2019）京0102执5300号限制消费令，限制穆某高消费。2019年3月6日本院作出（2019）京0102执5300号执行决定书，将穆某纳入失信被执行人名单。

执行中，申请执行人厦门国际银行北京分行与被执行人穆某一致要求我院采用全国法院询价评估系统对涉案房屋进行评估，法定期限内，京东大数据评估询价平台、阿里拍卖大数据询价平台、中国工商银行融e购电商平台反馈了询价结果，执行实施部门将以上述三平台反馈价格的平均价36757037.47元作为涉案房产评估价格。

2018年11月30日，本院作出（2018）京0102民初28701号民事判决：北京市西城区房屋由原告段某卿、薛某珊、薛某平、薛某旭、薛某晔与被告穆某共同所有；其中原告段某卿占有该房三十二分之五的份额，原告薛某珊占有该房三十二分之四的份额，原告薛某晔占有该房三十二分之一的份额，原告薛某旭占有该房三十二分之一的份额，原告薛某平占有该房三十二分之一的份额，被告穆某占有该房三十二分之二十的份额。

【案件焦点】

执行实施部门对被执行人名下房产的查封是否属于超标的查封情形。

【法院裁判要旨】

北京市西城区人民法院经审理认为：查封的涉案房屋评估价格为36757037.47元，另根据生效判决认定穆某占有涉案房屋的三十二分之二十的份额，结合评估价格，穆某对涉案房屋享有的价值约为22973148.125元。判定执行实施案件中是否存在超标的查封情形，应当查明执行案件的标的数额，本案中，根据执行证书的认定，执行标的为本金14900000元，截至2018年8月7日的欠付利息、罚息、复利173315.4元，自2018年8月8日起至欠款清偿之日止的利息、罚息、复利及公证费为29800元。在认定执行标的数额时，应综合考虑迟延履行利息、执行费用、拍卖佣金、拍卖标的物过户费、在确定拍卖保留价时依法可以下浮的比例以及三次流拍下调价格的影响。根据评估拍卖的相关规定，首次拍卖以评估价格的80%作为保留价，每次拍卖可再降低20%，如果对查封的标的物进行三次拍卖，则存在涉案房产成交价格不足以清偿执行证书中认定的穆某对厦门国际银行北京分行债务的可能性。现执行实施部门冻结控制的穆某名下存款金额，不属于超标的采取执行措施。对于穆某主张解除对其名下银行账户冻结的请求，没有事实及法律依据，不予支持。依照《中华人民共和国民事诉讼法》第一百五十四条第一款第十一项、第二百二十五条规定，裁定如下：

驳回被执行人穆某执行异议请求。

【法官后语】

在执行实务中，认定是否超标的查封，需要综合考虑主债权数额及利息、违约金、迟延履行利息等，且需要对查封财产变价处置中合理支出的费用进行考虑，同时，对于所查封的涉案财产是否设立了抵押权等其他优先权也需要进行考虑，进而综合判定涉案查封标的处置完结后是否可以全额覆盖申请执行人债权数额。相关法律及司法解释中，对于超标的查封仅在《最高人民法院关于人民法院民事执行中查封、扣押、冻结财产的规定》第十九条中有规定，即查封、扣押、冻结被执行人的财产，以其价额足以清偿法律文书确定的债权额及执行费用为限，不得明显超标的额查封、扣押、冻结。同时规定，发现超标的额查封、扣押、冻结的，人民法院应当根据当事人申请或依职权，及时解除对超标的额部分财产的查封、扣押、冻结措施，但该财产是不可分割物且被执行人无其他可供执行的财产或其他财产不足以清偿债务的除外。该条款是基于对执行权限缩性价值的考量，然而，超标的查封在实务中认定较为复杂，尤其在涉及需要拍卖变价的不动产或其他财产时，是否属于超标的查封或者所查封、扣押的标的能否足额满足申请执行人的债权，需要对该查封标的的最终可能实现的变价款进行综合考量。在案涉财产是否属于超标的查封的判定上，可分为两种情形：其一是在涉案财产未经评估的情况下，需要法院参照同类查封标的的市场价格，对涉案财产变价款进行初步的判定；其二是涉案财产在已经经过评估的情况下，该情形更加接近所查封标的变价后的真实价款。上述两种情况均需要最终经过司法处置程序后，即经过市场的检验后才能真正地确定所变价款是否可以覆盖申请执行债权的数额。执行程序以快速实现债权人权益，及时兑现生效法律文书确定的内容为追求的价值取向，对于实践中是否属于超标的查封，因客观原因导致无法对所查封、扣押的标的进行一个真实意义上的价值衡量，故需要对所查封、扣押的执行标的进行审慎的价值判断，一方面是为了最大限度地保护申请执行债权，另一方面是防止被执行人以超标的查封为由解除查封、冻结措施后转移财产，逃避执行，因此，对于所查封、扣押的执行标的不仅需要考虑变价过程中的费用，同时，因所需变价的标的经市场检验后的最终价值具有不可预知性，故应从法律程序上即可能的最终降价幅度上进行审慎推测。具体到本案，执行实施部门查封了被执行人名下涉案房产，但涉案房屋评估价格为36757037.47元，被执行人只对涉案房产享有三十二分之二十的份额，结合评估价格，被执行人穆某对涉案房屋享有的价值约为22973148.125元，同时，综合考虑迟延履行利息、执行费用、拍卖佣金、拍卖标的物过户费、在确定拍卖保留价时依法可以下浮的比例以及三次流拍下调价格的影响，在进行综合判定后涉案房产成交价格存在不足以清偿执行证书中认定的穆某对厦门国际银行北京分行债务的可能性，故此，该案不存在超标的查封情形。

编写人：北京市西城区人民法院　李子耀

32

房屋产权代持不能阻却法院强制执行

——王某琦诉王某彬、赵某田案外人执行异议之诉案

【案件基本信息】

1. 裁判书字号

北京市第三中级人民法院（2019）京03民终3883号民事判决书

2. 案由：案外人执行异议之诉

3. 当事人

原告（上诉人）：王某琦

被告（被上诉人）：王某彬、赵某田

第三人：鲁某侠

【基本案情】

2005年，王某琦从北京出版社处购买×号房屋并将该套房屋登记至王某琦名下。2009年，鲁某侠筹建舜成达祥公司，因需要启动资金找到王某琦帮忙，王某琦自愿将自己名下×号房屋做抵押贷款，帮助鲁某侠方解决资金困难。因王某琦年逾六十岁，不符合银行贷款资格，故与舜成达祥公司的员工赵某田达成协议，王某琦将×号房屋过户到赵某田名下，以便办理抵押贷款事宜，银行贷款由鲁某侠偿还，房屋仍由王某琦占有并对外出租，房屋所有权证书及他项权证仍然由王某琦持有。赵某田为办理银行贷款与王某琦签订房屋买卖合同并将×号房屋过户至其名下，但赵某田并未给付王某琦相应对价。随后，赵某田办理了银行贷款95万元。该笔贷款汇入了鲁某侠经营的京颀园印刷公司账户，后鲁某侠每月向赵某田的银行卡转款，再由赵某田向银行归还贷款。2016年8月，涉案房屋的银行贷款全部还清。王某琦与赵某田、鲁某侠签订《房产归属情况说明》，确认×号房屋的实际所有权人为王某琦，赵某田愿意配合办理过户手续，将×号房屋过户到王某琦指定的人名下，返还其房产。

2014年11月2日，北京市顺义区人民法院对王某彬与赵某田民间借贷纠纷一案作出（2014）顺民（商）初字第14765号民事调解书，确认赵某田应于2014年11月30日之前返还王某彬借款30万元。由于赵某田逾期未履行生效调解书确定的给付义务，王某彬提出强制执行申请。在执行过程中，北京市顺义区人民法院将赵某田名下的×号房屋予以查封。王某琦提出案外人执行异议，请求终止（2015）顺执字第1642号一案的执行，解除对×号房屋的查封。北京市顺义区人民法院经审理作出（2018）京0113执异56号执行裁定书，裁定驳回王某琦所提异议申请。后，王某琦提出案外人执行异议之诉，要求停止对×号的房屋的执行，解除查封措施。

【案件焦点】

1. 房屋产权代持协议能否产生物权变动的法律效果，能否推翻房屋登记机构对涉案房屋的所有权登记；2. 房屋产权代持能否阻却法院对涉案房屋的强制执行。

【法院裁判要旨】

北京市顺义区人民法院经审理认为：×号房屋的权属登记信息显示，涉诉房屋的登记所有权人为赵某田。王某琦、鲁某侠、赵某田签订《房产归属情况说明》以及王某琦诉讼中提交的一系列证据旨在证明赵某田对涉诉房屋系代为持有所有权。依照《中华人民共和国物权法》（以下简称《物权法》）第六条、第十四条、第十六条的规定，不动产的权属情况应以不动产登记簿记载的内容为准。就效力而言，不动产登记簿记载的内容具有推定力和公信力。依照《物权法》第九条之规定，我国采取的是登记生效主义的不动产物权变动模式，即除法律另有规定外，不动产物权变动原则上以登记完成为生效要件。而所有权代持并不属于法律另有规定的情况，亦不属于《物权法》第二十八条、第二十九条、第三十条“其他规定”之情形。因此，依据《物权法》规定的物权公示原则，产权代持协议的效力主要体现在对内的效力上，对外不具有物权效力，不能直接引起物权变动。另外，王某琦出于某些因素考虑将×号房屋登记在赵某田名下，就应当预见到可能由此带来的风险，并应当承担此种风险出现的后果。因赵某田经生效法律文书确定对王某彬承担债务，本院在执行中依据不动产登记簿，采取查封登记在赵某田名下的×号房屋符合物权法定原则，该执行措施并无不当。至于所查封的房产，在被执行后用于偿付债务而导致王某琦经济损失的，王某琦可基于债权关系向赵某田主张损失赔偿。综上，依照《中华人民共和国物权法》第六条、第九条、第十四条、第十六条，《最高人民法院关于人民法院办理执行异议和执行复议案件若干问题的规定》第二十四条、第二十五条之规定，作出如下判决：

驳回原告王某琦的全部诉讼请求。

王某琦不服一审判决，提出上诉。北京市第三中级人民法院经审理同意一审法院裁判意见，判决如下：

驳回上诉，维持原判。

【法官后语】

近年来，伴随着房地产市场行情的火爆，市场主体规避国家调控政策的行为层出不穷，“房屋产权代持”就是其中的典型。本案诉讼系涉案房屋的名义产权人对外负债引起，其债权人请求执行涉案房屋以清偿债务，实际出资人提出产权确权请求及执行异议。对于实际出资人以案外人的身份提起执行异议之诉的，鉴于法律对因法律行为引起的不动产物权变动采用债权形式主义，应认定产权代持不能产生物权效力，也不能导致物权变动，实际出资人因未能取得物权而不能对抗代持人的债权人所提起的法院强制执行。

本案中，王某琦主张权利的主要理由为，其为涉案房屋的实际买受人、出资人，赵某田仅是受其委托代为持有产权，并无买受不动产的意思表示，故认为房屋所有权证登记显示的内容与实际权利状态并不相符，法院应当据此直接确认其为实际产权人，进而停止对×号房屋的强制执行。

但是，我国物权法方面涉及不动产物权变动的相关规定主要是《物权法》第九条、第十五条（可分别对应《中华人民共和国民法典》第二百零八条、第二百零九条、第二百一十五条，文字略有修改）。根据现行规定可知立法深意：一是不动产物权变动的原因行为是否有效，应依据合同法律相关规定来判断，而非以是否办理登记为标准进行判断；二是不动产物权的变动，应依据《物权法》第九条来判断，以登记为必要条件，而不能认为合同生效就必然产生不动产物权变动效力。

本案中，王某琦、赵某田、鲁某侠之间签订的有关确认涉案房屋产权归属的《房产归属情况说明》等协议，实质上是在通过协议的方式确认涉案房屋的产权代持关系。那么，关于本案代持房屋产权协议的效力问题及物权变动的问题，可以得出以下结论：（1）代持房屋产权协议系名义买受人与实际买受人之间的债权合意，该合意因未违反法律强制性规定而有效；（2）代持协议的效力只限于协议各方内部，对外不能产生物权效力，也不能直接引起物权变动。不动产物权因未登记到实际买受人名下，实际买受人尚不能享有物权。

综上，涉案房屋登记在他人名下，系案外人（即实际买受人）的自愿选择，既然未登记在自己名下，其请求确认权属的主张自然不应得到支持，案外人所享有的只能是依据代持产权协议，要求名义买受人继续履行协议、办理变更登记的请求权。又因涉案不动产已被法院查封，该变更登记的请求已无法实现，案外人只能向产权代持人主张违约赔偿请求权，自然无法对抗其他债权人所提起的强制执行。

需要强调的是，根据法律和房地产登记的相关规定，房屋登记管理机关对房屋的登记管理是对房屋产权登记确权的唯一法定部门。如果允许以公民、法人私下协议的方式来挑战法律、法规的相关产权登记制度的规定，势必造成社会经济乱序和公民法人有关诚实信用方面要求的降低。

编写人：北京市顺义区人民法院　王思思　王耀飞

七、执行依据

33

案外人不能以执行依据错误为由提起执行异议之诉

——孙某诉张某平、许某海案外人执行异议之诉案

【案件基本信息】

1. 裁判书字号

北京市密云区人民法院（2019）京 03 民终 12340 号民事裁定书

2. 案由：案外人执行异议之诉

3. 当事人

原告（被上诉人、案外人）：孙某

被告（上诉人、申请执行人）：张某平

被告（被上诉人、被执行人）许某海

【基本案情】

2015 年 10 月 19 日，张某平以排除妨害纠纷为由起诉许某海，要求确认北京市密云区密云镇长安小区西区 × 号楼 × 号车库归其所有，并要求许某海将涉案车库予以腾出。在诉讼阶段，两人就此事达成调解协议，（2015）密民初字第 07230 号民事调解书约定许某海于 2015 年 12 月 10 日前将涉案的 × 号车库腾退并将车库钥匙交于张某平。

2016 年 1 月 15 日，张某平依据生效的民事调解书向法院申请强制执行，（2016）京 0118 执 547 号要求强制许某海腾退涉案 × 号车库归其占有并使用。2016

年7月28日，作为案外人的孙某以（2015）密民初字第07230号民事调解书侵害其合法权益为由，提起第三人撤销之诉，但于2017年12月28日撤回（2016）京0118民撤9号案件的起诉。

2018年1月2日，孙某起诉张某平、许某海确认涉案车库所有权，后经法院查明涉案车库不具备办理产权条件，经释明，孙某变更诉讼请求为确定涉案车库的占有、使用权利。2018年3月21日，密云法院作出（2018）京0118民初98号判决，判令北京市密云区密云镇长安小区西区×号楼×号车库归孙某占有、使用。张某平不服该判决提起上诉，北京市第三中级人民法院于2018年5月31日作出（2018）京03民终6500号民事裁定书，认定孙某以张某平、许某海为被告就执行标的物另行提起确权之诉，法院不应予以受理，孙某可另行通过案外人执行异议程序主张权利，遂裁定撤销北京市密云区人民法院（2016）京0118民初98号民事判决，驳回孙某的起诉。北京市密云区人民法院以（2018）京0118执恢401号执行案，恢复了张某平申请强制许某海排除妨害一案的强制执行。

2018年6月6日，孙某以强制执行审判所依据的调解书存在错误为由提起执行异议，要求中止执行。2018年6月25日，法院经审理作出（2018）京0118执异96号执行裁定书认为，执行所依据的调解书存在错误，不属执行异议审查范畴，可通过审判监督程序寻求解决。随后，孙某提起案外人执行异议之诉，要求撤销北京市密云区人民法院（2015）密民初字第07230号民事调解书，判令涉案车库归其所有。

【案件焦点】

案外人能否以执行依据存在错误为由，提起案外人执行异议之诉。

【法院裁判要旨】

北京市密云区人民法院经审理认为：根据密云地区车库登记现实情况，涉案车库并不具备在房产管理部门登记公示并领取房屋产权证照的条件，依据密云地区交易习惯，现有车库登记一般以建房开发商登记为准。本案现有证据显示，孙某在购买涉案车库前，进行了必要的权属登记查询，在查明建房开发商登记权利人为许某海的情况下，孙某与许某海签订涉案车库买卖合同并支付相应对价，后在建房开发商及物业处进行变更登记，许某海亦认可上述事实，现孙某实际占有、使用涉案车库。据此，依据《中华人民共和国物权法》第三十三条之规定，判决如下：

位于北京市密云区密云镇长安小区西区×号楼×号车库归原告孙某占有、使用。

张某平不服原判，提起上诉。

北京市第三中级人民法院经审理认为：案外人执行异议之诉以排除对特定标的物的执行为目的，不以否定作为执行依据的生效裁判为目的，案外人如认为裁判确有错误的，只能通过申请再审或者提起第三人撤销之诉的方式进行救济。本案中，孙某提起的执行异议之诉系针对执行依据指定交付的涉案车库提出，其认为执行依据即（2015）密民初字第07230号调解书内容错误并请求撤销该调解书，不属于执行异议之诉的审查范畴。因此，现孙某的起诉不符合案外人执行异议之诉的起诉条件，应当裁定驳回起诉。综上所述，一审法院对本案直接进行实体处理不当，一审判决应予撤销。依照《中华人民共和国民事诉讼法》第二百二十七条，《最高人民法院关于适用〈中华人民共和国民事诉讼法〉的解释》第三百零五条第一款、第三百三十条之规定，裁定如下：

一、撤销北京市密云区人民法院（2018）京0118民初6903号民事判决；

二、驳回孙某的起诉。

【法官后语】

为保护案外人的合法权益，民事诉讼法设置了执行异议、执行异议之诉、第三人撤销之诉和审判监督四个程序，四者无论是在程序启动、审查内容还是法律效果上都存在一定差异，极易被错误理解和适用。另外，执行异议、执行异议之诉与确权之诉也存在较大差异，如不准确把握程序的制度功能和适用条件，也易导致法律适用的错误。

本案的核心在于，案外人以执行依据存在错误为由，是否符合启动案外人执行异议之诉程序的条件。在司法实践中，此类案件的处置方式繁杂，处置结果也大相径庭。长期受民法性裁判思维的影响，极易导致对程序的忽视。这一点从本案的审理过程中也不难发现，基于近乎相同的事实认定，但确权之诉、执行异议、执行异议之诉不同程序对案件审理结果有较大差异。所以，亟须厘清这些程序的区别，以期拨开法律选择和法律适用上的迷雾。

首先，确权之诉是诉的一种基本类型，旨在要求法院确认当事人之间是否存在某种法律关系，一般不具有给付内容。在（2018）京0118民初98号案件中，案外人孙某申请确认处于强制执行之中涉案的车库归其所有，虽因该涉案车库不具有办理产权登记的条件，后将诉讼请求转为确定涉案车库的占有、使用权利，依旧为确权之诉的诉讼类型，但物权确认之诉主要表现为物权公示与实际归属不一致引发的诉讼，本案中诉讼请求已超过确认之诉的范围，带有明显的给付内容，就将涉案交由案外人占有、使用，不是确认当事人是否存在某种法律关系。故二审法院认定，孙某以张某平、许某海为被告就执行标的物另行提起确权之诉，法院不应予以受理，孙某可另行通过案外人执行异议程序主张权利，遂裁定撤销北京市密云区人民法院（2016）京0118民初98号民事判决，驳回孙某的起诉。

其次，案外人执行异议。孙某依照原二审生效法律文书的意见，以执行所依据的调解书存在错误为由提出执行异议。法院经审理认为，所依据的调解书存在错误，不属执行异议审查范畴，相关问题可通过审判监督程序寻求解决，其诉讼请求被驳回。案外人执行异议，是指案外人基于对执行标的有足以排除强制执行的实体权利，向执行法院提出的停止对该标的进行强制执行的申请。① 其目的在于排除强制执行行为，依据是对涉案执行标的具有足以排除强制执行的实体权利，如所有权、用益物权等。本案中，孙某在执行异议阶段，请求中止对涉案车库的强制执行，具有执行异议的某种形式特征，但是其依据的是执行依据存在错误，不属于执行异议的审查事项，裁定驳回请求。

最后，案外人执行异议之诉。孙某不服执行异议裁定，提起案外人执行异议之诉，在执行异议之诉一审过程中未依照执行异议之诉的审查范围进行审查，径直适用物权法，判令涉案车库归孙某占有、使用。一审判决后，张某平不服原判，案件进入二审。二审法院经审理认为，孙某以执行依据存在错误为由，不符合案外人执行异议之诉的起诉条件，撤销执行异议之诉一审判决，裁定驳回起诉。

案外人执行异议之诉，对保护案外人合法权益、纠正不当执行行为发挥了重要作用。然在司法实践中，对案外人执行异议之诉的启动及审查内容仍存在一定的误区，进而造成司法适用上的不当。目前，学界和实务界对该程序的性质已基本达成

---

① 江必新：《强制执行法理论与实务》，中国法制出版社2014年版，第447页。

共识，案外人执行异议之诉的目的在于排除或是阻却法院的强制执行，法院根据相关事实作出是否排除对涉案标的强制执行决定，无须对执行标的权利归属作出判决，其性质是程序法意义上的形成权。与其他大陆法系不同的是，我国案外人执行异议之诉启动的形式条件是已提起执行异议，且异议被驳回。提起事由是对正处于强制执行之标的物拥有足以阻止执行标的转让、交付的实体权利①，法院需要对此权利的存在与否作实质审查。

执行异议之诉的审查一般可分为三步：第一步，判断被执行人是否对执行标的享有实体权益，如不享有应判决不得执行该执行标的；第二步，被执行人对执行标的享有实体权益，要判断案外人对该执行标的所享有的权益对申请执行人依据执行依据所享有的债权是否具有优先性，如不具有优先性，应判驳回诉讼请求；第三步，案外人享有的权益具有优先性，再判断强制执行是否会被案外人享有的实体权益造成实质妨害，如有异议成立，如没有驳回诉讼请求。② 本案在形式上经过了执行异议的前置程序，但仍不符合执行异议之诉的启动条件，提起执行异议之诉的事由为对执行标的享有足以排除强制执行的实体权利。回归到本案，孙某以执行依据存在错误为由，认为不属于执行异议之诉的审查范围，这也是执行异议之诉中二审法院最终撤销原判、驳回起诉的主要原因。

救济途径的选择。其一，案外人认为已生效的法律文书存在错误，侵犯到自己的合法权益，可通过第三人撤销之诉或审判监督程序实现权利救济。《民事诉讼法》第五十六条第三款赋予了案外人申请第三人撤销之诉的权利，本条规定："前两款规定的第三人，因不能归责于本人的事由未参加诉讼，但有证据证明发生法律效力的判决、裁定、调解书的部分或者全部内容错误，损害其民事权益的，可以自知道或者应当知道其民事权益受到损害之日起六个月内，向作出该判决、裁定、调解书的人民法院提起诉讼。人民法院经审理，诉讼请求成立的，应当改变或者撤销原判决、裁定、调解书；诉讼请求不成立的，驳回诉讼请求。"本案中，孙某在认为张某平与许某海所达成的和解侵犯到自己的权益，张某平与许某海在处理争议时，孙某未得知直至案件进入执行强制执行阶段，符合因不能归责于本人的事由未参加诉

---

① 唐力：《案外人执行异议之诉的完善》，载《法学》2014年第7期。

② 沈德咏：《民事诉讼法司法解释理解与适用（下）》，人民法院出版社2015年版，第838页。

讼的要求。从形式来看，案件符合提起第三人撤销之诉的条件。

其二，可通过审判监督程序提起再审。《民事诉讼法》第二百七十二条赋予案外人申请再审的权利，案外人对执行异议裁定不服，认为原判决裁定错误的，依照审判监督程序办理。本案，孙某的执行异议已被驳回，且认为法院出具的执行依据存在错误，符合案外人在涉案标的处于强制执行阶段中申请再审的条件，故亦可通过审判监督程序提起再审达到救济权利的目的。

编写人：北京市密云区人民法院　张志国

34

债务人异议中，以抵销方式履行债务的认定

——廊坊富邦德公司与石化国际事业公司执行异议案

【案件基本信息】

1. 裁判书字号

北京市第三中级人民法院（2019）京03执异636号执行裁定书

2. 案由：执行异议纠纷

3. 当事人

申请执行人：廊坊富邦德公司

被申请执行人：石化国际事业公司

【基本案情】

北京仲裁委员会于2019年6月12日作出（2019）京仲裁字第1407号仲裁裁决书，于2019年6月12日作出（2019）京仲裁字第1408号仲裁裁决书，上述两份裁决书确定了石化国际事业公司与廊坊富邦德公司均负有向对方履行金钱债务的义务。（2019）京仲裁字第1407号仲裁裁决于2019年6月21日向廊坊富邦德公司送达，（2019）京仲裁字第1408号仲裁裁决于2019年6月20日向石化国际事业公司送达。北京仲裁委员会于2019年7月10日出具上述两份仲裁裁决的生效送达证

明。2019 年 7 月 11 日，石化国际事业公司向廊坊富邦德公司寄送《关于〈采购合同〉的抵销及付款通知》，上述邮件于 2019 年 7 月 13 日送达廊坊富邦德公司。《关于〈采购合同〉的抵销及付款通知》中载明，“我公司特此通知如下：截至今日，上述两份裁决书下双方的现金部分债务已经到期，我公司依法行使抵销权，现金部分债务相互抵销”。后，石化国际事业公司与廊坊富邦德公司分别向河北省廊坊市中级人民法院和北京市第三中级人民法院申请强制执行。在北京市第三中级人民法院执行过程中，石化国际事业公司提出异议，认为廊坊富邦德公司与石化国际事业公司互负到期金钱债务已经抵销，石化国际事业公司在（2019）京仲裁字第 1408 号仲裁裁决下的义务已经履行完毕，不应再被强制执行。

【案件焦点】

石化国际事业公司与廊坊富邦德公司之间的债权债务关系可否因石化国际事业公司所行使的撤销权而归于消灭，进而使执行案件失去执行的基础。

【法院裁判要旨】

北京市第三中级人民法院经审理认为：当事人互负到期债务，该债务的标的物种类、品质相同的，任何一方可以将自己的债务与对方的债务抵销，但依照法律规定或者按照合同性质不得抵销的除外。当事人主张抵销的，应当通知对方。通知自到达对方时生效。本案中，根据在案证据显示，双方均互负到期债务，且标的物种类、品质均相同，石化国际事业公司亦于 2019 年 7 月 11 日向廊坊富邦德公司送达了债务抵销通知书，主张将现金部分债务相互抵销，廊坊富邦德公司于 2019 年 7 月 13 日签收了该债务抵销通知书，故石化国际事业公司的抵销行为符合法律规定的抵销要件，抵销成立。

根据相关法律规定，抵销是债务履行的一种方式，石化国际事业公司于执行立案前所作的抵销行为，已经使其与廊坊富邦德公司之间的债务消灭。故廊坊富邦德公司向北京市第三中级人民法院申请强制执行已不具备事实基础及法律基础，对石化国际事业公司作出的执行措施应予以解除。综上，石化国际事业公司提出的执行异议请求成立，北京市第三中级人民法院予以支持，北京市第三中级人民法院冻结的石化国际事业公司账户应全部解除。据此，依照《中华人民共和国民事诉讼法》第二百二十五条、《最高人民法院关于人民法院办理执行异议和复议案件若干问题的规定》第十七条第二项之规定，裁定如下：

一、异议人石化国际事业公司执行异议请求成立；

二、解除在（2019）京03执865号案件中对异议人石化国际事业公司全部账户的冻结。

【法官后语】

本案是一件债务人实体异议的案件，在执行案件中，时有被执行人以执行案件所涉债务在执行依据生效后因实体性事由归于消灭而欲阻却执行，进而通过法定程序确定债务消灭事实的情况。在德国、日本等部分大陆法系的国家和地区，该类情况是通过赋予债务人提出债务人异议之诉的方式予以解决。在我国，由于债务人异议属于执行案件的范畴，暂无转入执行异议之诉的制度支持，故只能采用在执行异议中审查实体事由的做法，对债务人异议的案件做出处理，[①] 故最高人民法院在编纂《最高人民法院关于人民法院办理执行异议和复议案件若干问题的规定》（以下简称《执行异议和复议规定》）时，在第七条第二款中规定："被执行人以债权消灭、丧失强制执行效力等执行依据生效之后的实体事由提出排除执行异议的，人民法院应当参照民事诉讼法第二百二十五条规定进行审查。"这一规定有效地统一了裁判尺度，使该类案件有了明确的审查依据。

在债务人异议审查过程中，首先应当明确其审查范围，否则容易产生损害当事人诉权等不良结果。对于这一问题，上文所提到的第七条第三款中即作出了审查边界的划定："除本规定第十九条规定的情形外，被执行人以执行依据生效之前的实体事由提出排除执行异议的，人民法院应当告知其依法申请再审或者通过其他程序解决。"在这一条款中，从时间的纵线上，将债务人实体异议的审查范围限定于执行依据发生后的事由，如果该事由发生于执行依据生效之前，则应通过再审或者其他程序予以解决。在审执分立的背景之下，执行裁判权与审判权具有本质上的不同，在第七条第二款的设计之下，当事人如果对异议裁定不服，应通过执行复议程序进行救济，因而，为了保障当事人的诉权与执行依据的稳定性，防止以执代审的情况发生，在此种情况下，不宜通过执行异议程序对当事人权利进行救济。在类型

① 参见谭秋桂：《民事执行法学》，北京大学出版社2005年版，第251页。

的横线上，债务人实体异议应当与执行案件受理异议加以区分，不应将二者混为一谈，在执行请求权不成立的情况下，如法律文书不具有可执行性、执行依据未生效或丧失执行强制力等情况下，债务人可以就执行案件的受理提出异议，阻却法院的执行，对此《人民法院办理执行案件规范》第九百一十九条有所规定，但该种异议所涉主要为程序性事项，且并不会通过法定程序确定债权消灭，虽然其与债务人实体异议的审查依据均为《中华人民共和国民事诉讼法》第二百二十五条，并且在学理上，二者可以统一于债务人异议范围之内，但二者的审查思路与审查内容并不一致，在未来的程序设计上，也可能出现差别。由此可见，执行行为的多样性、复杂性加之异议人在民事执行程序中地位的多样性决定了当事人、利害关系人异议的请求及其依据的事实和理由必然是纷繁复杂、多种多样的。因此，当事人、利害关系人的异议审查内容极为复杂。① 这不仅要求立法者在对执行制度进行设计时应从多维角度进行思考，也要求司法者在对执行法律法规适用时加以审慎，避免走入法律适用的误区。

执行抵销异议作为债务人实体异议的一部分，具有极强的特殊性。对于被执行人能否在执行程序中行使抵销权，一般有“完全禁止说”、“完全允许说”与“限制说”三种学说。“完全禁止说”主张在执行程序中应当完全禁止抵销的发生，在价值上偏重于程序法对实体法的彻底“绝缘”。“完全允许说”主张不应对执行中的抵销加以条件限制，侧重于程序法对实体法的“全面退让”，但单纯从程序或者实体角度考虑执行抵销难免失之偏颇，程序与实体二者并不应尖锐对立，而应予以协调融合。从实体法和程序法共同审视执行中抵销权行使的程序设计，既要做到程序法不应不正当地限制实体法这一要求，也要做到程序法自我价值考量。②《执行异议和复议规定》第十九条规定：“当事人互负到期债务，被执行人请求抵销，请求抵销的债务符合下列情形的，除依照法律规定或者按照债务性质不得抵销的以外，人民法院应予支持：（一）已经生效法律文书确定或者经申请执行人认可；（二）与被执行人所负债务的标的物种类、品质相同。”从上述条文中可以看出，《执行异议和复议规定》第十九条规定采取的是通过设置条件而限制被执行人行使

① 谭秋桂：《民事执行法学》，北京大学出版社2015年版，第296页。

② 刘亮灵、林洋：《论执行程序中的抵销权行使———兼评〈执行异议和复议规定〉第十九条》，载《政法学刊》2017年第5期。

抵销权的“限制说”。

在执行抵销异议的审查过程中，应当注意被执行人是否在执行案件立案前已经按照《中华人民共和国合同法》（以下简称《合同法》）第九十九条（《中华人民共和国民法典》第五百六十八条同此规定，文字略有不同）规定的程序主张了抵销权，如果被执行人已经有上述行为，则其抵销权的行使应属意定抵销，若申请执行人或执行实施部门不予认可或未加以处理的，则其异议应当由执行裁判部门参照《合同法》第九十九条进行债务人异议的实体审查，而不应纳入执行抵销异议的审查范围之内，之所以采取这种审查方式，理由有：

第一，实体问题的审查具有保障。因为执行抵销异议的救济途径为执行复议，并未给予当事人诉权，并且在条文设计时，因考虑到关于被执行人能否在执行程序中行使抵销权这一问题，存在着人民法院在执行程序中对申请执行人所欠被执行人的债务决定抵销，必然涉及债务是否成立等实体判断，有以执代审之嫌的否定观点，故设置了请求抵销的债务已经生效法律文书确认或经申请执行人认可的限制，使这两类债务不存在实体审查的问题。① 但在关于意定抵销的救济方面，《最高人民法院关于适用〈中华人民共和国合同法〉若干问题的解释（二）》（2009 年，以下简称《合同法解释（二）》）第二十四条赋予了债权人提起诉讼的权利，债权人可以通过民事诉讼程序阻止债务抵销，在此种情况下，当事人的诉讼权利并未丧失，若其在法律所规定的期限内未提出诉讼，则执行裁判部门可以认定执行案件所涉的债权债务已经消灭。

第二，符合事实发生的先后顺序。《合同法》第九十九条规定：“……当事人主张抵销的，应当通知对方。通知自到达对方时生效。抵销不得附条件或者附期限。”由此可见，当抵销通知到达债权人时，抵销通知便处于生效的状态，债权人如未及时提出异议，则双方的债权债务已因抵销通知的送达而归于消灭，若执行裁判庭在此期间进行审查，若支持被执行人，则将出现两次抵销的法律事实，两者之间在债权债务消灭日期等问题上均有矛盾；若不支持被执行人，则会出现以执代审的情况，将本应通过民事诉讼解决的问题，经由执行裁判程序予以处理，这种做法

① 参见最高人民法院执行局编著：《最高人民法院关于人民法院办理执行异议和复议案件若干问题规定理解与适用》，人民法院出版社 2015 年版，第 241 页。

显然不妥。

本案中，执行案件的立案时间为2019年7月15日，被执行人在7月11日已经向申请执行人发出了抵销通知，而申请执行人在7月13日签收了该通知，时间均在执行立案前。在案件审查过程中，法官也多次询问签收情况，申请执行人表示已经签收，并知晓通知内容，而双方并未规定关于抵销的异议期限，也未约定不得抵销，且申请执行人也未在《合同法解释（二）》第二十四条所规定的抵销通知到达之日三个月内提出异议，故可以认定被执行人发出的抵销通知已经生效，申请执行人对被执行人所享有的债权已经归于消灭，执行案件不具备执行的条件，所采取的执行措施均应予以解除。

本案与一般的执行抵销具有高度的相似性，执行案件双方均享有对于对方的债权，并且债权均经过生效法律文书的确认，但对于该案，我们也同样应当注意其特殊性，除了上文所分析的被执行人已经通过意定抵销的方式使申请执行人的债权归于消灭，双方的债权债务均是基于同一法律关系产生的也是本案的重要问题。本案中，双方的债权债务关系虽系两个仲裁裁决产生，但其实质是因为双方申请仲裁时间的不同而导致出现两个仲裁案件，其确是同一法律关系。因此，在审理该案中，也无须注意执行抵销对其他另案申请执行人所产生的不利影响，也不会影响执行程序中公平价值的实现。

编写人：北京市第三中级人民法院　刘哲尔

八、执行中的优先受偿

35

在金钱债权执行中保护案外买受人的物权期待权

——洪某凯诉张某文、徐某阳案外人执行异议案

【案件基本信息】

1. 裁判书字号

福建省厦门市海沧区人民法院（2019）闽 0205 执异 14 号执行裁定书

2. 案由：案外人执行异议之诉

3. 当事人

案外人：洪某凯

申请执行人：高某基

被执行人：张某文、徐某阳

【基本案情】

案外人洪某凯称：2015 年 12 月 24 日，洪某凯与被执行人徐某阳、张某文签订《房屋买卖协议》，徐某阳将案涉房屋以 3480000 元的价格出售给洪某凯，洪某凯应在 2016 年 1 月 20 日之前支付购房款 1327250 元（含购房定金 200000 元），其余款项以代为承担案涉房屋全部按揭贷款的方式支付。合同签订后，洪某凯依约支付了购房款，徐某阳、张某文将其银行按揭贷款账户资料交与洪某凯，由洪某凯代为支付每个月约 18000 元的贷款，同时把出售案涉房屋有关的一切权利委托公证给洪某凯指定的受托人郑某辉。同年 3 月 8 日，洪某凯通过郑某辉将案涉房屋出售给谢某

昌，与谢某昌签订《房产买卖协议》，并办理了相关交接手续。5月开始，谢某昌按照合同约定向按揭银行支付贷款。6月13日后，谢某昌持相关手续向开发商办理了案涉房屋的交房入住手续，并实际安排其母亲居住。综上，洪某凯在案涉房屋被查封前就与徐某阳签订了书面买卖合同，且经厦门市思明区人民法院认定为合法有效，依约支付了全部应付款项，后手买受人谢某昌已实际办理了案涉房屋的入住手续并居住至今，未办理过户登记系因法院查封所致，并非因买受人自身原因，故案涉房屋的实际权属非徐某阳、张某文所有，请求中止对案涉房屋的查封措施。

申请执行人高某基称：2016年6月1日，厦门市海沧区人民法院在高某基与张某文、徐某阳民间借贷纠纷一案中查封了案涉不动产。6月13日，徐某阳根据开发商的通知到物业管理处办理交房手续，此前案涉房屋均由不动产开发商占有。7月28日，谢某昌强行破门进入案涉房屋。故洪某凯在法院查封前并未合法占有该房屋。此外，根据思明法院作出的（2016）闽0203民初17872号民事判决书，案涉房屋总价为3480000元，洪某凯仅支付了1327250元（含定金），剩余款项并未支付。因此，请求驳回洪某凯的执行异议申请。

被执行人张某文称：案涉房屋于2016年6月1日被厦门市海沧区人民法院查封，此时该不动产由开发商厦门龙祥房地产开发有限公司占有，直至6月13日徐某阳办理交房手续后才转由徐某阳占有，所以洪某凯并未于法院查封前合法占有案涉房屋。另外，案涉房屋价款共计3480000元，洪某凯仅支付1327250元（含定金），并未支付全部款项。因此，洪某凯的执行异议申请不符合法律规定，请求驳回。

被执行人徐某阳未作答辩。

法院经审理查明：徐某阳与洪某凯于2015年12月24日签订房屋买卖协议，载明甲方徐某阳将届时尚未办理土地房屋权证的厦门源昌山庄×号楼×梯×层×单元房产以总价3480000元的价格转让给乙方洪某凯，乙方应在协议签订之日将购房定金200000元交由丙方厦门市淘屋房地产代理有限公司东坪二里分公司保管并于案涉房屋过户至买方名下当天支付给卖方，首期购房款1327250元（含定金）由乙方洪某凯于2016年1月20日前支付完毕，同时乙方还应按时偿还案涉房屋的银行按揭贷款。协议还约定，甲方徐某阳应以开发商交房时间为准将房产交付给洪某凯使用，同时徐某阳应无条件配合洪某凯办理房屋一手产权证及过户手续，所产生的税费等一切费用由乙方洪某凯承担。厦门市思明区人民法院（2016）闽0203民初17872号民事判决书确认了上述协议的有效性，该判决书已于2018年7月26日生效。

2016年1月7日、2月3日、3月7日、4月8日，洪某凯通过网银转账至徐某阳名下，转账金额分别为18677元、17452.9元、18052.73元、18052元。

2016年1月20日，张某文、徐某阳作为委托人在厦门市公证处签订《委托书》，该委托书第七条载明“受托人有权出售上述房产，权限如下：1. 受托人有权选择买受人、与买受人商定房产交易价格、房款支付方式、房屋交付等合同的各项条款并代为签署房地产买卖合同及相关协议、文件……”该委托书同时还载明“受托人在行使抵押、出售权利时，须出示产权证原件办理方为有效”。受托人为郑某辉。

2016年3月8日，徐某阳、郑某辉作为甲方与乙方谢某昌签订房屋买卖协议，该协议载明甲方同意将案涉房屋以3850000元的价格转让给乙方谢某昌，乙方应在协议签订之日直接支付给甲方定金500000元，首期购房款1917836元（含定金）于2016年4月20日前一次性支付完毕。协议明确案涉房产现状为尚未办理土地房屋权证，同时约定双方在2016年4月20日办理全权委托公证，届时乙方应支付全部购房款并由甲方将房产交付给乙方使用。

2016年5月8日、6月7日，谢某昌分别转入16560元至徐某阳名下银行账户。2017年3月至2019年3月，谢某昌以个人名义每三个月为徐某阳偿还一次银行个人贷款。

2016年5月27日，高某基向厦门市海沧区人民法院提起民事诉讼，请求判令张某文、徐某阳共同归还借款本金170万元及利息。2016年6月1日，厦门市海沧区人民法院根据高某基的申请作出（2016）闽0205民初1836号民事裁定，依法查封徐某阳名下预告登记的案涉房产。2017年2月10日，高某基与张某文、徐某阳借款合同纠纷一案进入执行程序，上述保全措施转为执行措施。

2016年6月7日，厦门龙祥房地产开发有限公司向徐某阳发出《入住通知书》，载明户主应于2016年6月13日至6月15日办理交房手续。2016年6月13日，徐某阳签署了《房屋移交书》，确认案涉房产已移交完毕。

现该房产由谢某昌及其家人居住。

【案件焦点】

本案争议焦点为案外人洪某凯对案涉房产是否享有物权期待权，是否能够阻却执行。

在金钱债权执行中，案外买受人认为对登记在被执行人名下的不动产标的享有所有权，向人民法院提出异议，要求排除执行的，应根据《最高人民法院关于人民法院办理执行异议和复议案件若干问题的规定》第二十八条之规定进行判断。在满足法定条件的情况下，案外买受人的物权期待权可排除强制执行，执行异议成立。

【法院裁判要旨】

福建省厦门市海沧区人民法院经审理认为：案外人洪某凯与被执行人徐某阳的房屋买卖协议虽签订在本院查封之前，且该买卖协议经厦门市思明区人民法院确认合法有效，但根据《最高人民法院关于人民法院办理执行异议和复议案件若干问题的规定》第二十八条的规定，在金钱债权执行中，洪某凯的异议请求是否成立，除符合在人民法院查封之前已签订合法有效的书面买卖合同这一要件外，还必须同时满足“在人民法院查封之前已合法占有该不动产、已支付全部价款或者已按照合同约定支付部分价款且将剩余价款按照人民法院的要求交付执行、非因买受人自身原因未办理过户登记”等要件，且能够排除执行。

从本案看，第一，洪某凯与徐某阳签订房屋买卖协议时，案涉房产尚未交房，此状态持续至本院查封后；至本院查封时，案涉房产已再次转卖他人；待案涉房产移交使用，案涉房屋实际由谢某昌居住，故无法认定洪某凯在法院查封前已合法占有案涉房产。第二，洪某凯在购买案涉房产后，仅向徐某阳支付了首期购房款1327250 元（含定金）及银行按揭款 72234.63 元，尔后由谢某昌代为偿还按揭，故洪某凯并未如法律所规定履行支付价款的义务。第三，洪某凯明知案涉房屋未办理一手产权证而购买，其未能办理过户并非单纯法院查封所导致。此外，洪某凯在案涉房产尚未交付使用又转卖他人，事实上已无物权可期待。综上，洪某凯的执行异议理由依法不能成立，无法排除执行，应予以驳回。依照《中华人民共和国民事诉讼法》第二百二十七条、《最高人民法院关于人民法院办理执行异议和复议案件若干问题的规定》第二十八条的规定，裁定：驳回案外人洪某凯的异议请求。

【法官后语】

本案争议焦点为案外人洪某凯对案涉房产是否享有物权期待权，是否能够阻却执行。

（一）案外买受人物权期待权的法理及制度梳理

在执行案件中，案外人提起执行异议，主张对法院查封的被执行人名下的不动产享有实体权利，要求法院排除执行该不动产的情况较为常见。主要原因是，根据我国《物权法》规定，除了继承、征收等非因法律行为所取得的物权外，不动产物权的设立、变更、转让和消灭，必须经依法登记始发生效力。(《中华人民共和国民法典》第二百零九条同此规定）基于我国现行房地产开发和登记制度的不完善等原因，不动产买受人签订买卖合同之后，往往不能即时进行物权登记，买受人取得法律意义上的所有权总会滞后于债权合意很长一段时间。在此期间，买卖的不动产在法律上仍属于出卖人所有。

人民法院审查案外人执行异议，实质是在案外人对执行标的物享有合法真实的实体权利与申请执行人受法律强制力保护的执行债权之间进行平衡比较，进而得出科学合理论断的过程。如果仅仅将无过错买受人当作普通的债权人，基于债权的相对性，其对房屋的登记或者交付请求权并不具有排除出卖人的其他债权人就买卖不动产提出的受偿要求，将面临其他金钱债权人请求就买卖不动产另行变价的不测风险。作为已经依照买卖合同履行完毕支付不动产对价等义务的买受人，其预期物权将确定无疑地变动到其名下，当其预期物权在与申请执行人的一般金钱债权的实现发生冲突时，法律选择优先保护无过错不动产买受人，在符合法定条件时能够排除执行等效力，彰显了法律的公平公正性。

在执行程序中对不动产买受人进行优先保护的理论基础是买受人的物权期待权。所谓期待权，是指将来可能取得与实现的权利，是当事人尚未取得，必须有一定的事实发生才能取得的权利。所谓买受人的物权期待权，是指对于已经签订买卖合同的买受人，在已经履行合同部分义务的情况下，虽然尚未取得合同标的物的物权，但赋予其类似物权人的地位，赋予其具有排除执行等物权效力。买受人物权期待权是以将来发生不动产物权变动为目的的债权请求权，是为了在确定的不动产财产权登记条件还不具备时，保证将来财产权变动能够顺利进行。

不动产买受人的物权期待权最初研究见于德国，德国 1920 年就有判决确认了该权利并逐渐被其他国家和地区所接受。我国2002年《最高人民法院关于建设工程价款优先受偿权问题的批复》（已失效）第二条，对具有消费者身份的房屋买受人予以优先于金钱债权人的特殊保护；2004年3月1日实施的《最高人民法院、国土资源局、建设部关于依法规范人民法院执行和国土资源房地产管理部门协助执行若干问题的通知》第十五条将物权期待权的保护对象扩大至自开发商受让房屋的所有买受人。2005年1月1日实施的《最高人民法院关于人民法院民事执行中查封、扣押、冻结财产的规定》第十七条将所有需要办理过户登记财产的买受人均纳入物权期待权保护范畴。2015年5月5日实施的《最高人民法院关于人民法院办理执行异议和复议案件若干问题的规定》第二十八条至第三十条进一步将金钱债权执行中，不动产受让人的物权期待权概括为无过错不动产买受人物权期待权、房屋消费者物权期待权和预告登记权利人物权期待权三种。其中，第二十八条是买受人对登记在被执行人名下的不动产提出执行异议时的规定，第二十九条是买受人对登记在被执行的房地产开发企业名下的商品房提出执行异议时的规定，第三十条是对被查封的办理了受让物权预告登记的不动产提出执行异议时的规定。

（二）案外买受人物权期待权认定及阻却执行的条件

我国立法对买受被执行不动产等需要登记财产的案外人设置了物权期待权制度予以保护，是债权的物权化体现，也是对我国不动产物权变动登记原则的突破，故法律规定了严格的条件限制。

《最高人民法院关于人民法院办理执行异议和复议案件若干问题的规定》第二十八条规定："金钱债权执行中，买受人对登记在被执行人名下的不动产提出异议，符合下列情形且其权利能够排除执行的，人民法院应予以支持：（一）在人民法院查封之前已签订合法有效的书面买卖合同；（二）在人民法院查封之前已合法占有该不动产；（三）已支付全部价款，或者已按照合同约定支付部分价款且将剩余价款按照人民法院的要求交付执行；（四）非因买受人自身原因未办理过户登记。"也就是说，保护无过错买受人所享有的物权期待权须同时满足以下要件，才可排除执行。

1. 金钱债权。第二十八条适用的前提是基于金钱债权的执行。本案中，申请执行人高某基对被执行人张某文、徐某阳享有金钱债权，高某基起诉张某文、徐某阳请求归还借款本息，符合金钱债权的要件。

2. 在人民法院查封之前已签订合法有效的书面买卖合同。物权期待权所依据的基础法律关系必须合法有效。我国法律虽承认物权行为，但并不承认物权行为的独立性，物权的变动实行“债权合意加登记”，所以，物权能够合法变动的前提是以物权变动为内容的债权合同成立并且有效。本案中，被执行人徐某阳与案外人洪某凯于2015年12月24日签订房屋买卖协议，载明徐某阳届时将尚未办理土地房屋权证的案涉房产以总价3480000元的价格转让给洪某凯。该买卖协议已经厦门市思明区人民法院（2016）闽0203民初17872号生效民事判决书确认合法有效。2016年6月1日，厦门市海沧区人民法院根据申请执行人高某基的申请，作出（2016）闽0205民初1836号民事裁定，依法查封徐某阳名下预告登记的案涉房产。故，该房屋买卖协议的签订是在法院查封之前。

3. 在人民法院查封之前已合法占有该不动产。首先，买受人物权期待权之所以要保护，就是因为买受人已经为取得物权履行了一定义务并以一定的方式对外进行了公示，尽管这种公示的方式较之法定的登记公示方式在效力上较弱。其次，占有不动产的行为必须发生在查封行为之前。在查封后占有的，受查封的效力所及，不得对抗债权人。同时，这也是为减少被执行人与第三人恶意串通的可能性。至于对“占有”的理解，应为对不动产有事实上的管理和支配。一般认为，拿到房屋的钥匙、办理物业的入住手续、缴交物业管理费、对房屋进行装修、入住等行为即可推定。本案中，2016年6月1日，厦门市海沧区人民法院在原告高某基与被告张某文、徐某阳民间借贷纠纷一案中查封了案涉不动产，此时该不动产尚未交付使用，仍由开发商厦门龙祥房地产开发有限公司占有。直至2016年6月13日，徐某阳签署了《房屋移交书》，办理了交房手续，案涉房产转由徐某阳占有，随后由后手买家谢某昌及家人占有使用。故案外人洪某凯并未于法院查封前合法占有该案涉房产。

4. 已支付全部价款，或者已按照合同约定支付部分价款且将剩余价款按照人民法院的要求交付执行。案外人支付全款的情形包括实际支付全款和将剩余价款交付法院执行。这是因为，实践中相当一部分不动产买卖合同所涉金额巨大，当事人之间多约定分期付款，案外人虽仅支付部分款项，但系按照合同约定的进度支付，如其将剩余价款按照人民法院指定的期限交付执行，并不影响债权受偿。这里体现出执行权作为公权力对被执行人与第三人之间的民事权利进行适当的干预，进行了适当的利益平衡。至于款项完成全部交付的时间，目前尚无明确规定。有观点认为最晚不能迟于一审法庭辩论终结前，也有观点认为，最晚不能迟于执行程序案外人异议审查结论作出前。本案中，案外人洪某凯在购买案涉房产后，仅向被执行人徐某阳支付了首期购房款1327250元（含定金）及银行按揭款72234.63元，尔后由后手买受人谢某昌代为支付，故洪某凯并未如法律所规定履行支付价款的义务。洪某凯的再次转卖暴露了其目的是进一步实现债权，而非期待案涉房产的所有权，这与法律所保护的物权期待权的立法精神相违背。

5. 非因买受人自身原因未办理过户登记。这里未能登记的原因，主观上要求是属于案外人意志以外的客观障碍，否则，则应判断为案外人存在过错。实践中能够归责于买受人的原因，一般分为三种：一是对他人权利障碍的忽略。例如，不动产之上设定有其他人的抵押权登记，而买受人没有履行合理的注意义务导致无法登记。二是对政策限制的忽略。例如，明知某地限制购房，在不符合条件的情况下仍然购房导致无法办理过户手续。三是消极不行使登记权利。例如，有的交易当事人为了逃税等而故意不办理登记。本案中，洪某凯交易时明知案涉房屋尚未办理一手产权证而购买，其理应承担由此带来的法律风险和不利后果。

综上，案外人洪某凯的执行异议理由依法不能成立，无法排除执行，应予以驳回。

编写人：福建省厦门市海沧区人民法院　吴丽芬　付臻

36

执行程序中具有生存权属性的债权应当优先受偿

——向南小贷公司与唐某淑劳动争议执行异议案

【案件基本信息】

1. 裁判书字号

重庆市第五中级人民法院（2019）渝05执复50号执行裁定书

2. 案由：劳动争议执行异议纠纷

3. 当事人

复议申请人（利害关系人）：向南小贷公司

申请执行人：唐某淑

被申请人：元飞公司

【基本案情】

唐某淑与元飞公司劳动争议一案，执行法院于2018年8月22日作出（2018）渝0113民初7107号民事判决书，认定唐某淑因工致残，伤残二级，大部分生活自理障碍。判决元飞公司支付唐某淑一次性伤残补助金等工伤保险待遇共计1302857.63元。判决生效后，唐某淑向执行法院申请强制执行，后该案进入执行程序。2019年3月29日，执行法院就该案作出《决定书》，决定从执行法院受理执行的向南小贷公司申请执行元飞公司民间借贷纠纷等案案款中，支付申请执行人唐某淑一次性伤残补助金等1302857.63元。另查明，2017年10月19日，向南小贷公司向执行法院申请对元飞公司采取诉前财产保全措施，执行法院依法对元飞公司名下账户进行了冻结。同年11月21日，执行法院受理了向南小贷公司诉元飞公司等民间借贷纠纷三案。该三案判决生效后，向南小贷公司于2019年2月12日向执行法院申请对元飞公司强制执行。执行法院在以上三案的执行过程中，已将相应冻结款项划拨至执行法院账户。

【案件焦点】

具有生存权属性的债权能否在执行程序中优先受偿。

【法院裁判要旨】

重庆市巴南区人民法院经审理认为：在具体执行案件中，人民法院可以根据实际情况不同调整债权受偿顺序，以最大限度维护社会公平。本案中，唐某淑所享有的债权系因受到二级伤残所致的工伤保险待遇，是对劳动者基本权益的保护和国家对高度伤残者生存权益的救济。唐某淑对元飞公司享有的债权，与向南小贷公司对元飞公司享有的合同债权请求权相比，性质上具有优先性。根据《最高人民法院关于人民法院执行工作若干问题的规定（试行）》（2008年）第九十三条、第九十四条之规定，执行法院作出《决定书》合法。依照《中华人民共和国民事诉讼法》第二百二十五条，《最高人民法院关于人民法院办理执行异议和复议案件若干问题的规定》第十七条第一项之规定，裁定如下：

驳回异议人向南小贷公司的异议请求。

向南小贷公司不服，向重庆市第五中级人民法院申请复议。请求撤销重庆市巴南区人民法院（2019）渝0113执异58号异议裁定和《决定书》。

重庆市第五中级人民法院复议审查同意一审的裁判意见。依照《中华人民共和国民事诉讼法》第二百二十五条、《最高人民法院关于人民法院办理执行异议和复议案件若干问题的规定》第二十三条第一款第一项之规定，裁定：驳回向南小贷公司的复议申请，维持重庆市巴南区人民法院（2019）渝0113执异58号异议裁定。

【法官后语】

实践中，多份生效法律文书确定的金钱给付内容的多个债权人分别对同一被执行人申请执行，可供执行的财产不足清偿全部债务的情况经常发生。即使同属于无担保物权的债权，也未必等同保护，对具有生存权性质的债权应当优先予以保护。

生存性债权具有以下法律特征：

1. 权利主体是自然人。法人或其他单位不存在维持健康、基本生活的情形，不是生存性债权的主体。在司法实践中，常见的生存性债权主要有以下三种类型：(1) 人身损害赔偿之债权。自然人遭受人身损害，其生存能力短期或永久下降，甚至丧失劳动能力或死亡。人身权不能用财产价值来衡量，人身损害赔偿是侵害事实客观发生后不得已的救济措施，损害赔偿费用承担恢复受害人健康、残疾器具功能替代、填补损失、慰藉痛苦、补充生活来源等功能，无疑属于生存性债权，而财产损害赔偿属一般债权，不具有优先性。(2) 劳动债权。劳动者享有的因劳动关系所发生的劳动报酬、工伤待遇、经济补偿或赔偿金等债权。劳动债权一般是劳动者主要的生活来源，应当属于生存性债权。(3) 其他属于债权人及其所扶养家属主要或唯一生活来源的债权。

2. 生存性债权具有保护的紧迫性。自然人的人身权利遭受侵害，比一般财产损害所生债权具有更强的保护紧迫性。劳动报酬具有保障生存权实质平等的价值功能，劳动报酬权具有优先权属性，具有保护的紧迫性。在其他债权中，有的债权是特定债权人的唯一或主要生活来源，若该债权不能实现，债权人会迅速陷入饥寒困顿的境地，该债权具有保护的紧迫性，而应归入生存性债权。

3. 生存性债权具有人身属性。生存性债权也可以转让，但其优先性与特定主体须臾不可分离，一经转让即不再具有保护的紧迫性而沦为普通债权。

生存性债权优先保护的依据有二：其一，法理。权利就是法律保护的利益，因人的求利性和资源的稀缺性，合法利益之间具有冲突性，权利也相应存在冲突性。各种权利对人类生存、发展的重要性不同，不同权利之间存在一定的位阶关系。在不同位阶的权利发生冲突的情况下，法律应优先保护高位阶的权利。人格权优于财产权，生存权的位阶高于财产权、经营权。生存权是人的基本权利，生存权得不到保障，其他权利也就无从依附。一般情况下，生存权高于普通财产权。因此，生存性债权属于一种优先权，其权利人享有就债务人的财产优先于其他债权人受清偿的权利。其二，法律规范。虽然我国对生存性债权在执行程序中优先受偿缺乏明确、系统的规定，但对生存权予以优先保护还是有法律依据的。《中华人民共和国企业破产法》第一百一十三条规定，破产人所欠职工的工资和医疗、伤残补助、抚恤费用，所欠的应当划入职工个人账户的基本养老保险、基本医疗保险费用，以及法律、行政法规规定应当支付给职工的补偿金优先于普通债权清偿。又如《中华人民共和国民事诉讼法》第二百四十三条规定，强制执行时应当保留被执行人及其所扶养家属的生活必需费用。

本案不符合移送破产审查和参与分配的条件，扣划到法院账户上的资金仍属于被执行人的财产，执行法院可以直接作出唐某淑优先受偿的执行行为。

编写人：重庆市第五中级人民法院　代贞奎

37

抵押登记优先受偿权范围的认定

——北京银行红星支行诉南本公司执行分配方案异议之诉案

【案件基本信息】

1. 裁判书字号

北京市第三中级人民法院（2019）京 03 民终 3629 号民事判决书

2. 案由：执行分配方案异议之诉

3. 当事人

上诉人（原审原告）：北京银行红星支行

被上诉人（原审被告）：南本公司

【基本案情】

北京银行红星支行将其债务人钱某虎、郭某云、北京晶鼎聚龙奇石花卉有限责任公司诉至北京市朝阳区人民法院，该院于 2015 年 12 月 29 日作出（2015）朝民（商）初字第 14180 号民事判决书，认为：北京银行红星支行和郭某云签订《最高额抵押合同》，约定郭某云以其名下房产对钱某虎的所有债务承担抵押担保责任，判决钱某虎偿还北京银行红星支行贷款本金 750 万元、截至 2015 年 3 月 2 日的利息 68986.26 元、罚息 234000 元；并支付 2015 年 3 月 3 日之后的利息、罚息；支付律师费 2 万元；北京银行红星支行有权对郭某云名下位于北京市朝阳区光华路甲×号×号楼×层×的房产按照抵押登记顺序拍卖、变卖的价款享有优先受偿权。后钱某虎、郭某云等未履行上述判决，北京银行红星支行申请本院强制执行，在执行程序中，该院依法对郭某云名下位于北京市朝阳区光华路甲×号×号楼×层×的房产进行拍卖，拍卖所得价款依法偿还了北京银行红星支行贷款本金 750 万元。

南本公司在上海市虹口区人民法院起诉时，对涉案的房产进行了查封，为便于处置拍卖房产，上海市虹口区人民法院将涉案房产的处置权交由北京市朝阳区人民法院。因南本公司申请参与分配，且涉案房屋所得价款不能足额偿还现有所有债务，北京市朝阳区人民法院依法制作了《分配方案》，确认：可供分配案款总额为9414100元；债权总额为84885376.92元；北京银行红星支行未受偿债权额为6110372.92元，所占总债权额比例为7.2%，债权性质为一般债权，垫付评估费为34860元，分配所得案款数额为712486.92元；南本公司未受偿债权额为78775004元，所占总债权额比例为92.8%，债权性质为一般债权，分配所得案款数额为8701613.08元。

另查明一，2013年11月22日，郭某云作为抵押人与作为抵押权人的北京银行红星支行签订《最高额抵押合同》，约定：本合同下的被担保债权（担保范围）为主合同项下北京银行（及按主合同约定取得债权人地位的北京银行系统内其他分支机构）的全部债权，包括主债权本金（最高限额为750万元）以及利息、罚息、违约金、损害赔偿金、担保物保管/维护/维修的费用、实现债权和担保权益的费用及其他应付款项。

另查明二，2013年12月4日，北京银行红星支行取得涉案房屋的他项权证书，载明的债权数额为750万元。

【案件焦点】

北京银行红星支行是否对借款本金750万元以外的利息、罚息、复利、实现债权的费用享有优先受偿权。

【法院裁判要旨】

北京市朝阳区人民法院经审理认为：虽北京银行与郭某云签订《最高额抵押合同》时约定的担保范围包括主债权本金（最高限额为750万元）以及利息、罚息、违约金、损害赔偿金、担保物保管/维护/维修的费用、实现债权和担保权益的费用及其他应付款项，但是双方在涉案房屋办理抵押登记时载明的债权数额为750万元，根据《最高人民法院关于适用〈中华人民共和国担保法〉若干问题的解释》（2000年）第六十一条规定抵押物登记记载的内容与抵押合同约定的内容不一致的，以登记记载的内容为准。第八十三条规定抵押权人实现最高额抵押权时，如果实际发生的债权余额高于最高限额的，以最高限额为限，超过部分不具有优先受偿的效力。本案北京银行红星支行现在的债权已经超过双方约定的最高限额，故北京银行红星支行的债权在750万元的限额内享有优先受偿权，该执行庭已经将本金750万元款项优先发放给北京银行红星支行，就其剩余债权作为普通债权分配并无不当，故北京市朝阳区人民法院认为北京银行红星支行的诉讼请求，没有事实及法律依据，本院不予支持。关于北京银行所称该院作出的（2015）朝民（商）初字第14180号民事判决书已经认定其就本金、利息、罚息、复利、实现债权的费用均享有优先受偿权的意见，综合以上判决书中所认定的事项，判决北京银行红星支行就涉案房产按照抵押登记顺序拍卖、变卖的价款享有优先受偿权，与北京市朝阳区人民法院执行庭的理解并无矛盾之处，故北京市朝阳区人民法院对北京银行红星支行的此项意见，不予采信。

北京市朝阳区人民法院依照《最高人民法院关于适用〈中华人民共和国担保法〉若干问题的解释》第六十一条、第八十三条，《最高人民法院关于适用〈中华人民共和国民事诉讼法〉的解释》第五百一十二条之规定，判决如下：

驳回原告北京银行红星支行的全部诉讼请求。

北京银行红星支行公司不服一审判决，提出上诉。二审法院同意一审法院裁判意见。

北京市第三中级人民法院依照《中华人民共和国民事诉讼法》第一百七十条第一款第一项之规定，作出如下判决：

驳回上诉，维持原判。

【法官后语】

借款人与贷款人签订借款合同，并就借款人或借款人提供的案外人的财产设立抵押权，已经成为贷款人出借款项并担保债权实现的常用方法。按照我国《担保法》的规定，抵押分为普通抵押和最高额抵押，较之于普通抵押，最高额抵押设定了所担保债权的最高限额，在最高债权额限度内，以抵押物对一定期间内连续发生的债权作担保。我国《担保法》规定当事人以城市房地产作为抵押物时，应当办理抵押物登记，抵押合同自登记之日起生效。实践中，在办理抵押登记时，在他项权证中通常会载明债权数额。在司法实践中，债权人具有优先受偿债权的范围通常有争议。第一种观点认为，债权人优先受偿的范围应当严格按照他项权证载明的债权金额为限，超出部分不具有优先受偿权，按照普通债权受偿。第二种观点认为，双方在签订抵押合同时就抵押物担保的债权数额有明确的约定，债权人优先受偿债权的范围应当以约定的为准，不以他项权证载明的债权数额为限。笔者认为，两种观点各有利弊，应当区别情况予以适用，第一种观点严格遵循物权的公示公信原则，有利于保障抵押财产上的后顺位抵押权人以及无抵押权的一般债权人的正当权益，有利于交易安全。但是因双方在办理抵押登记的时候，只有本金债权数额可以准确确定，其他债权数额并不能准确确定，登记时通常登记的债权数额为本金数额。在此情况下，其他债权不能优先受偿，直接导致债权人利益受损，不利于提高交易效率。第二种观点可以使债权人的所有债权得到优先受偿，最大限度地保障债权人的利益，保障了交易效率，但是因此种计算方式使得债权人优先受偿的债权数额不确定，不利于保障后顺位抵押权人及其他普通债权人的利益。在司法实践中，应当区别适用两种观点，如果债务人除第一顺位抵押权人外，还有其他顺位在后的抵押权人及普通债权人时，应当适用第一种观点，以保障各方债权人的合法权益。如果债务人除顺序在前抵押权人再无其他债权人时，适用第二种观点，以保障债权人的利益最大化。

本案所涉问题与上述两种情况有所区别，本案中郭某云与北京银行红星支行签订的是《最高额抵押合同》，根据法律规定，最高额抵押就担保债权的最高数额做了限定，在最高债权额限度内，以抵押物对一定期间内连续发生的债权作担保。虽郭某云与北京银行红星支行签订《最高额抵押合同》时约定的担保范围包括主债权本金（最高限额为750万元）以及利息、罚息、违约金、损害赔偿金、担保物保管/维护/维修的费用、实现债权和担保权益的费用及其他应付款项，但双方并未就债权的最高数额进行明确。双方在涉案房屋办理抵押登记时，他项权证载明的债权数额为750万元，本案除北京银行红星支行外仍有其他债权人要求参与分配债务人的财产，在此种情况下应以他项权证载明的债权数额为限作为北京银行红星支行优先受偿债权的最高数额。

编写人：北京市朝阳区人民法院　田青

38

抵押权预告登记权利人的物权期待权在执行程序中应予以合理保护

——苏州建行诉中浦公司等案外人执行异议之诉案

【案件基本信息】

1. 裁判书字号

江苏省无锡市中级人民法院（2019）苏02民终3494号民事判决书

2. 案由：案外人执行异议之诉

3. 当事人

原告（被上诉人）：苏州建行

被告（上诉人）：中浦公司

被告：昊海公司

被告：李某明

【基本案情】

2014年6月11日，苏州建行基于与李某明的金融借款合同关系对预告登记所有权人为李某明的苏州市胥涛路×号凤凰胥岸花园×幢×室房产（以下简称涉案房产）办理了135万元的抵押权预告登记。2016年3月15日，无锡市锡山区人民法院在审理中浦公司与昊海公司、李某明定作合同纠纷一案中依中浦公司的申请预查封了涉案房产。后该案经法院调解达成协议，李某明应对昊海公司的336万元债务承担连带责任。2016年7月6日，中浦公司就该案申请强制执行。执行中执行部门对涉案房产进行司法拍卖并以242万元成交。后执行部门出具过户裁定并至不动产登记中心为买受人办理了过户登记。苏州建行在拍卖成交后以其系涉案房产的预抵押权人为由向执行部门提出对拍卖款优先受偿。申请执行人中浦公司对此持有异议，认为苏州建行对涉案房产的预抵押登记未能转成抵押登记，不享有抵押权，不能就拍卖款优先受偿。在执行异议审查环节执行法官支持了中浦公司的观点，裁定不得将拍卖款优先发放给苏州建行。苏州建行不服该裁定，遂提出本案诉讼。

【案件焦点】

苏州建行能否基于对涉案房产的抵押权预告登记而主张对涉案房产拍卖款的受偿顺位先于中浦公司。

【法院裁判要旨】

江苏省无锡市锡山区人民法院经审理认为：苏州建行不能基于对涉案房产的抵押权预告登记而排除法院对涉案房产的强制执行，但是当法院公权力介入处置涉案房产时，对苏州建行基于预查封之前设立的抵押权预告登记而产生的对将来设置抵押权的物权期待权进而实现债权优先受偿的期待利益依法应予以保护。本案中，一方面法院对已办理预抵押登记的涉案房产进行预查封并将该房产作为执行标的进行处置的行为，必将影响到苏州建行作为预告登记权利人的物权期待权之实现，另一方面涉案房产的实际价值大于苏州建行对李某明所享有的债权，若苏州建行在执行程序中无正当理由拒不同意涉案房产物权变动，则执行程序必将陷入僵局，又会损害申请执行人的合法利益。从公平维护各方利益角度考虑，在执行程序中执行部门在依法保障苏州建行设立预抵押登记的物权期待权即实现债权的优先清偿后，无须经苏州建行同意即可径行处分涉案房产。且在本案中保障苏州建行对拍卖款的受偿顺位先于中浦公司，符合预告登记制度的立法目的，保障了各方权益。若法院介入处分涉案房产时不保障预告登记权利人的期待利益，则预告登记制度将形同虚设，失去其应有的功能，这与预告登记制度的立法目的不符，有违法律之公平价值，无法实现法的正面指引功能；而保障苏州建行的在先受偿顺位，则有利于稳定商品房按揭贷款交易秩序，维护交易稳定，最大限度地维护预告登记权利人、申请执行人的权益，实现各方利益平衡保护。

江苏省无锡市锡山区人民法院依照《中华人民共和国物权法》第二十条，《中华人民共和国民事诉讼法》第一百四十四条、第二百二十七条，《最高人民法院关于适用〈中华人民共和国民事诉讼法〉的解释》第三百一十二条之规定，判决如下：

一、确认苏州建行对涉案房产拍卖款的受偿顺位先于中浦公司；

二、苏州建行对涉案房产拍卖款的受偿额不得作为中浦公司申请执行案的执行标的。

中浦公司不服该判决提出上诉。无锡市中级人民法院同意一审法院裁判意见，依照《中华人民共和国民事诉讼法》第一百七十条第一款第一项之规定，作出如下判决：

驳回上诉，维持原判。

【法官后语】

本案之争议在于在执行程序中是否保护抵押权预告登记权利人的合法利益。执行实践中基于对《中华人民共和国物权法》（以下简称《物权法》）第二十条预告登记制度（规定同《中华人民共和国民法典》第二百二十一条，文字略有不同）的不同理解对此产生不同观点。第一种观点认为，《物权法》第二十条的预告登记制度仅适用于如签订房屋买卖合同等不动产所有权变更的情形，而不适用于其他不动产物权如抵押权预告登记，且已登记的抵押权都无法排除强制执行只能主张就拍卖款优先受偿，故抵押权预告登记自然也不能排除强制执行，并因预告登记未能转成抵押权本登记，故也不能就拍卖款优先受偿，只能向抵押人主张债权；第二种观点认为物权法关于预告登记制度的规定也适用于抵押权预告登记，依照预告登记制度中未经预告登记权利人同意处分不动产的不发生物权效力之规定，抵押权预告登记具有债权保全效力，可在执行程序中排除强制执行。笔者对上述两种观点持不同意见。

首先，第一种观点以预告登记制度仅适用于所有权变动而不适用于其他物权为由，对抵押权预告登记权利人的合法利益不予保护有违预告登记制度的立法旨意。预告登记制度旨在保护权利人的物权期待权，应适用于所有权、担保物权等所有的不动产物权。抵押权预告登记亦是预告登记的一种，也应适用《物权法》关于预告登记制度的规定。因抵押权人可依法就抵押物拍卖价款优先受偿，故规定抵押权人不能以抵押权为由主张排除强制执行并不损害其合法权益，但抵押权预告登记权利人对抵押物不享有优先受偿权，若以该预告登记不能排除强制执行也不能优先受偿为由对抵押权预告登记权利人的物权期待权不予以任何合理保护，将使预告登记制度形同虚设。

其次，上述第二种观点以抵押权预告登记具有保全效力为由主张该权利可以阻却强制执行亦有不妥。《最高人民法院关于人民法院办理执行异议和复议案件若干问题的规定》第三十条规定的物权预告登记制度可以排除强制执行的情形适用于办理了受让物权预告登记的不动产，在该情形下预告登记权利人的物权期待权可以具化为对不动产的所有权期待权，因此其基于该所有权期待排除强制执行自然合法合理；而抵押权预告登记权利人的物权期待权是基于能够对不动产设立抵押权并最终保障其债权优先受偿的期待，如以其实现债权优先受偿的期待而排除强制执行显然不符合经济效益，且即使排除执行也无法实现抵押权预告登记权利人保障债权优先受偿的期待权。

综合上述分析，笔者认为，因抵押权预告登记权利人最终目的是实现其债权，故其不能基于该预告登记而排除法院的强制执行，但对其设立预告登记的期待利益应予以合理保护，即抵押权预告登记权利人就执行标的拍卖价款的受偿顺位先于其他债权人，由此既可以顺利推进执行程序，亦可保障抵押权预告登记权利人的物权期待利益。必须指出的是，在执行环节对抵押权预告登记权利人在先受偿顺位的保护是从平衡各方利益、提高执行效率角度而作出的有益尝试，在先受偿顺位并不等同于优先受偿权，也并非直接赋予抵押权预告登记权利人以抵押权优先受偿权。另外，在执行实践中衡量是否要合法保护抵押权预告登记权利人的利益时也要结合物权法有关规定，对权利人就预告登记未能转成本登记是否存在过错进行审查，对有过错的权利人主张就预抵押登记享有在先受偿顺位的不予支持。

编写人：江苏省无锡市锡山区人民法院　李娟　林双

九、执行中的财产保全

39

抵押财产足值时是否能申请保全另一方其他财产

——信达重庆分公司与楠竹山公司等诉中财产保全案

【案件基本信息】

1. 裁判书字号

重庆市第三中级人民法院（2019）渝03执保28号之三

2. 案由：诉中财产保全纠纷

3. 当事人

申请保全人：信达重庆分公司

被保全人：楠竹山公司

被保全人：马脑城公司

【基本案情】

2016年4月13日，楠竹山公司向哈尔滨银行重庆南川支行借款3400万元。马脑城公司以其名下位于重庆市南川区的36处房产（评估价值6945万元）和47处在建工程（评估价值3600万元）为此次借款提供抵押担保。后哈尔滨银行重庆南川支行将该债权转让给信达重庆分公司，并进行了公告和抵押权变更。

2019年11月15日，因楠竹山公司未能按期归还本息，信达重庆分公司向法院提起诉讼。同年11月26日，信达重庆分公司提出财产保全申请，请求冻结重庆南川某房地产开发公司名下银行存款40072754.95元或查封、冻结、扣留相应价值的其他财产。信达重庆分公司提供的财产线索为楠竹山公司位于重庆市南川区铁村乡锅厂村的土地使用权，同时提供了保险公司的保单作为担保。

【案件焦点】

申请保全人在拥有合法有效且足额的抵押财产时，不申请保全已抵押财产，而申请保全其他财产，对该财产保全申请，人民法院是否准许。

【法院裁判要旨】

重庆市第三中级人民法院经审理认为：信达重庆分公司已提交证明其与楠竹山公司存在借款合同纠纷的事实及争议标的大小的基本证据，且为此次保全提供了相应担保，其申请符合法律规定，应予准许。依照《中华人民共和国民事诉讼法》第一百零一条、第一百零二条、第一百零三条第一款之规定，裁定：

准许对楠竹公司名下40072754.95元财产予以保全。

保全裁定作出后，重庆市第三中级人民法院根据信达重庆分公司提供的财产线索，查封了楠竹山公司位于重庆市南川区铁村乡锅厂村的土地使用权。

后楠竹山公司以财产保全超标的、已有足额抵押财产、保全措施造成其不能融资、经营困难等为由，向人民法院提出保全复议和置换申请。

重庆市第三中级人民法院认为，诉讼保全的目的是生效裁判能够得到顺利执行，被保全人有多项财产可供保全的，在能够实现保全目的的情况下，人民法院应选择对其生产经营活动影响较小的财产进行保全。本案中，楠竹山公司为此次置换申请提供了马脑城公司的房产作为担保，该担保物的价值经评估高于保全标的，且更有利于执行。该担保物虽有抵押，但信达重庆分公司为该担保物的抵押权人，其能够得到该抵押物的相应权益。综上，楠竹山公司的置换保全申请符合法律规定，应予准许。依照《最高人民法院关于适用〈中华人民共和国民事诉讼法〉的解释》第一百六十六条第一款第四项、第一百六十七条，《最高人民法院关于人民法院办理财产保全案件若干问题的规定》第十三条之规定，裁定如下：

一、查封马脑城公司名下位于重庆市南川区西城街道办事处龙济路×号×幢36处房产及该处1、2幢47处在建工程；

二、解除对楠竹山公司名下位于重庆市南川区铁村乡锅厂村的土地使用权的查封措施。

【法官后语】

一方当事人在拥有另一方当事人合法有效且足额的抵押财产时，不申请保全已抵押财产而申请保全另一方的其他财产，目的就是让自己的债权得到更充分的保障。那么，人民法院对这一保全申请是否应该准许呢？

首先，从财产保全设立的目的来看，财产保全是指为保障日后生效裁判的顺利执行、避免胜诉债权人权利遭受损失，对当事人处分相关财产予以限制的一种诉讼保障制度。这项制度在保证民事诉讼顺利进行、保护当事人合法权益、缓解执行难、维护司法权威方面发挥着重要作用。作为一种诉讼保障制度，其根本目的就是保障生效裁判能够得到有效执行。拥有抵押权一方的当事人，在债务人不履行债务或发生约定的实现抵押权的情形时，依法享有对抵押物变现所得价值的优先受偿权。因此，在抵押财产足值的情况下，其债权已有充分保障。

其次，从财产保全的诉讼功能来看，一方当事人申请保全另一方当事人更多的财产，势必更有利于自身诉讼目的的实现，同时也能达到以保全促和解的目的。但诉讼不同于执行，诉讼过程中，双方当事人之间的权利义务关系尚未明确。人民法院应当平等地保护双方当事人的合法权益。过多地限制另一方当事人处分财产，不利于其正常生产经营及经济社会发展。同时，过多保全另一方财产可能导致人民法院超标的保全，而使财产保全陷入违法的困境。

再次，从保全与执行的相关法律规定来看，民事诉讼法及其司法解释虽未明文规定已有抵押财产不得申请保全，但在其他司法解释及文件中可以找到相关要求。《最高人民法院关于人民法院办理财产保全案件若干问题的规定》第十三条中就明确规定，被保全人有多项财产可供保全的，在能够实现保全目的的情况下，人民法院应当选择对其生产经营活动影响较小的财产进行保全。抵押财产作为已知的财产线索，理应纳入其中，属于与本案有关的财物，而可供保全。同时，根据《最高人民法院关于适用〈中华人民共和国民事诉讼法〉的解释》第一百六十八的规定，保全措施在进入执行程序后，自动转为执行中的执行措施，且期限连续计算。《最高人民法院关于在执行工作中进一步强化善意文明执行理念的意见》第三条再次重申了“较小影响”这一要求。因此，无论是财产保全还是执行程序，人民法院在能够实现相应目的的情况下，应当兼顾保障债务人与被执行人的合法权益。

最后，从财产保全司法实践来看，人民法院依申请保全了另一方当事人非抵押物的其他财产。另一方当事人势必会提出执行异议，且这个异议基本会获得法院支持。届时，对其他财产的保全措施将会解除，而保全财产将变更为抵押财产。另外，被保全人也可能申请将抵押财产作为担保财产来解除原保全措施，由于申请人享有抵押权，故能获得抵押财产的相应权益而不受影响。这两种方式在一定程度上浪费了司法资源，还不如一开始就直接保全抵押财产。还有，申请保全人直接保全抵押财产，获得对抵押财产的首轮查封。案件进入执行程序，将省去首封与轮候法院间的相互协调，节约资产处置时间，从而提升执行效率。

综上，笔者认为，一方当事人在拥有另一方当事人合法有效且足额的抵押财产而申请保全非抵押财产的其他财产时，人民法院应注意引导，做好解释工作，让申请人保全抵押财产。同时，抵押财产也应作为已知财产线索的一部分，在被保全人有多项财产可供保全时，人民法院应尽量选择对其正常生产经营活动最小的财产进行保全。

编写人：重庆市第三中级人民法院　李能文

40

财产保全错误标准的认定与归责

——陈某、何某群诉何某明申请诉中财产保全损害责任案

【案件基本信息】

1. 裁判书字号

福建省厦门市海沧区人民法院（2019）闽0205民初1862号民事判决书

2. 案由：申请诉中财产保全损害责任纠纷

3. 当事人

原告：陈某、何某群

被告：何某明

【基本案情】

何某明因与陈某、何某群民间借贷纠纷一案于2017年3月9日诉至厦门市海沧区人民法院，何某明请求判令陈某、何某群返还借款75.61万元并按月利率2%的标准支付利息等。该案历经一审、二审、发回重审。在重审期间，何某明于2018年4月20日向本院申请财产保全，要求保全陈某、何某群价值816600元的财产。本院诉中作出财产保全的（2018）闽0205民初1022号民事裁定书，并于2018年4月27日查封了登记在陈某名下位于厦门市海沧区沧元路×号×室的房屋一套、登记在何某群名下位于厦门市思明区流芳里×号×室房屋一套。其后，依陈某、何某群的申请，本院于2018年7月13日解除了对位于厦门市海沧区沧元路×号×室房屋的查封。

2018年8月20日，本院作出（2018）闽0205民初1022号民事判决书，认定陈某、何某群尚未清偿借款债务，判令陈某、何某群于判决生效之日内偿还何某明借款339322元并支付利息等，驳回了何某明的其他诉讼请求。何某明、何某群均不服，向福建省厦门市中级人民法院提起上诉。2018年12月14日，福建省厦门市中级人民法院作出（2018）闽02民终5373号民事判决书，改判陈某、何某群于判决生效之日内支付何某明367244.4元，驳回何某明一审的其他诉讼请求。2019年5月7日，陈某、何某群以何某明保全错误致其损害为由诉至本院。

在本案审理过程中，陈某、何某群提供《铝合金门窗工程承包合同》一份，拟证明其承包了赣州市隆泰华庭项目的铝合金门窗工程，需要启动资金200万元。该承包合同载明，甲方为案外人江西百泰实业有限公司，乙方为陈某。合同于2018年1月16日签订，约定的铝合金门窗工程承包价款为6346800元，2018年3月16日开工，2019年3月30日竣工。

另查明：何某群名下位于思明区流芳里×号×室的房屋建成于1989年，何某群已于2018年2月28日以该房产向中国民生银行股份有限公司厦门分行办理抵押登记，抵押金额200万元。

【案件焦点】

生效裁判文书确定的债权给付金额与原告起诉时的金额不一致，是否可以直接认定原告的诉中财产保全错误。

【法院裁判要旨】

福建省厦门市海沧区人民法院本案系因民事诉讼中的诉讼保全行为引发的侵权损害赔偿纠纷。何某明与陈某、何某群因民间借贷纠纷向人民法院起诉，且依其诉讼请求向受诉人民法院申请财产保全，符合法律规定。虽然何某明申请保全的财产金额高于人民法院判决最终所确定的金额，但并不能以此为由当然地认定其保全申请存在错误。根据《中华人民共和国民事诉讼法》第一百零五条“申请有错误的，申请人应当赔偿被申请人因保全所遭受的损失”的规定，申请人承担赔偿责任的前提条件是申请财产保全有错误。在归责时，应当适用我国《侵权责任法》规定的过错责任原则。具体到本案中，（2018）闽0205民初1022号案件的保全金额虽高于终审判决金额，但因（2018）闽0205民初1022号案件双方就借款债务是否清偿争议巨大，何某明为了维护其自身利益，根据自己对事实和法律的认识进行起诉并申请保全，并无主观上的恶意，其申请保全不存在过错。况且，陈某、何某群提交的《铝合金门窗工程承包合同》仅证明其与案外人确立了铝合金门窗工程的承包关系，不足以证明其因房产被依法查封导致其不能履行该合同及其不能获得承包利益。故陈某、何某群主张何某明保全错误导致其损失，缺乏事实和法律依据，不予支持。

福建省厦门市海沧区人民法院依照《中华人民共和国侵权责任法》第六条第一款，《中华人民共和国民事诉讼法》第六十四条第一款规定，判决如下：

驳回原告陈某、何某群的诉讼请求。

本案案件受理费4450元减半收取计2225元，由原告陈某、何某群负担。

【法官后语】

财产保全是指人民法院在诉讼开始前或在诉讼进行中，依债权人的申请或依职权，以债务人财产或者当事人争议的财产为对象，依法采取强制性保护措施，以保证将来发生效力的判决得以实现的程序。财产保全申请错误则旨在救济，然而实践中对保全错误的认定标准难以操作，结合本案分析如下。

（一）财产保全申请错误的性质

申请财产保全错误侵害了他人的权益，是一种侵权行为。侵权行为也称为侵害行为或过错行为，其本意是指侵害他人权利或利益的行为，是一种侵害他人权益并造成损害结果的状态。财产保全行为本身是债权人为实现债权而为的先行为，保全行为本身是合法的，申请财产保全错误的性质应当是一般侵权行为。

（二）认定财产保全错误应考察的要件

认定财产保全错误是一般侵权行为的目的在于明确审理财产保全错误案件的归责原则。归责，是指行为人在其行为或其物件导致他人损害的事实发生后，应依照何种根据使其负责，是应以行为人的过错，还是以已经发生的损害结果，还是以公平的价值判断为依据，让行为人承担侵权责任。一般侵权行为适用过错责任原则，即认定行为人是否应当承担侵权责任需要考察行为人是否对损害的发生有主观过错，其行为是否与损害结果之间有因果关系。而这两项要件中，行为人主观过错和客观行为的过错则是决定其是否承担侵权责任的重要标准。而在认定财产保全错误时重点应当考察的核心在于申请人主观是否恶意保全。

（三）实践中应注意的几个问题

1. 防止被保全人滥用诉权

随着“解决执行难”综合体系的健全，财产保全制度也随之不断完善。因实践中存在诸多规避法院强制执行行为发生在诉前及诉讼过程中，故而债权人越来越多地运用财产保全制度保障胜诉权益。《中华人民共和国民事诉讼法》和《最高人民法院关于人民法院办理财产保全案件若干问题的规定》已从多个方面规制了保全申请人的权利，要求保全申请人提供担保，在诉讼程序上增加了对保全申请人的申请成本，客观上限制了保全人故意或因重大过失申请财产的错误。如诉前保全应及时提起诉讼、诉求被驳回应当及时解除查封、保全到期应当及时申请续封等法律义务。相较被保全人而言，其应当承担的不利成本更高。法院在审理诉中财产保全错误时应对被保全人是否滥用诉权增加被保全人的负担有所警醒。

2. 保全行为的边界为是否尽到一般注意义务

如果动辄以是否具有过错来考察保全申请人实际上难以操作，那么在现有的法律规定背景下，检验保全行为人是否具有恶意保全的主观意图，可以审查其是否尽到一般注意义务。《中华人民共和国民事诉讼法》第一百零二条规定，申请人只得对请求范围内或者与本案有关的财务进行保全，实际上已经要求了保全申请人应当对保全对象和数额进行一般判断，如果违反了这样基础的注意义务，则保全申请人应当承担赔偿责任。

综上所述，申请财产保全的金额高于人民法院生效判决确定的金额，并不能当然认定该保全申请错误。应适用一般过错责任原则进行归责，审查保全申请人是否就保全行为尽到一般注意义务。

编写人：福建省厦门市海沧区人民法院　郑松青　方珺

41

明显超标的保全的认定标准

——九龙公司诉陈某雨执行异议之诉案

【案件基本信息】

1. 裁判书字号

江苏省淮安市中级人民法院（2019）苏08执复73号执行复议裁定书

2. 案由：执行异议之诉

3. 当事人

复议申请人（异议人、被保全人）：九龙公司

申请保全人：陈某雨

【基本案情】

2018年7月11日，江苏省淮安市清江浦区人民法院（以下简称清江浦法院）立案受理陈某雨与江苏盐城二建集团有限公司（以下简称盐城二建）、九龙公司建设工程施工合同纠纷一案。依据陈某雨的财产保全申请，清江浦法院作出（2018）苏0812民初6843号民事裁定书，裁定：查封、扣押或冻结盐城二建、九龙公司名下价值1400万元的财产。在保全实施过程中，清江浦法院查封了九龙公司名下九龙国际大厦共26套房屋，并冻结了九龙公司在昆山农村商业银行淮阴支行开立的基本存款账户内的存款9.317646万元。九龙公司提起执行异议认为，清江浦法院查封了九龙公司名下26套价值2210.273716万元的房屋并冻结存款9.317646万元，财产总价值为2219.591362万元，超出保全裁定载明的金额819.591362万元，属于明显超标的查封其公司财产，请求解除对其公司银行基本账户的冻结，解除对于部

分房屋的查封。

不动产登记簿信息查询结果显示，清江浦法院对上述总计26套房屋均系首封。淮安冲浪宜居网信息显示，九龙国际大厦614室、615室、616室建筑面积均为63.48㎡，备案价格均为634800元；617室建筑面积为75㎡，备案价格为750000元；701室建筑面积为61.53㎡，备案价格为646065元；702室、703室、704室、705室、706室、707室、708室、709室、711室、712室、713室、714室、715室、716室建筑面积均为59.4㎡，备案价格均为623700元；710室建筑面积为61.38㎡，备案价为644490元；717室建筑面积为70.18㎡，备案价格为736890元；817室、917室、1017室建筑面积为70.18㎡，备案价格均为877952元；2004室建筑面积为84.57㎡，备案价格为846461元。此外，1301室建筑面积为78.48㎡，1301室虽无备案价格，但经查询，与1301室同等面积的1401室的备案价为811326元。上述被查封26套房屋备案价相加总值为17678762元。

清江浦法院查封的九龙公司名下26套房屋中除了1301室、2004室系毛坯房外，其余均已装修，用于酒店经营。九龙国际大厦5—11层被九龙公司用于经营桔子水晶酒店。九龙公司提供了酒店装饰装修合同等证据材料，认为装修总价为18871834.5元，按装修总面积6401.46㎡计算，装修单价为2948元/㎡，结合本案被查封的房屋面积，被查封房屋的装修总价值为4423975.16元。综上，涉案被查封的26套房屋总价值为22102737.16元。

【案件焦点】

1. 明显超标的保全的认定标准；2. 测算被保全财产的价值时是否应当考虑添附行为对财产价值的影响；3. 衡量被保全财产价值超标的是否需要考虑后续财产处置时的价格浮动。

【法院裁判要旨】

江苏省淮安市清江浦区人民法院经审理认为：本案中九龙公司提供了已查封的25套房屋的备案价格和1套没有备案价但有市场销售类比的房屋价格，并就其中24套已装修的房屋折算出装修价值，按照九龙公司的计算方法，26套房屋的总价值为22102737.16元。因装修合同大都是整体大框架的，装修合同中的一些内容并不完全适用于本案查封房屋，九龙公司针对涉案查封的房屋装修价值的计算方法并不精准。已查封房屋大多用于酒店经营，在没有委托评估的情形下，可以参考相应的市场价格并兼顾司法拍卖变现过程中的多重因素综合认定房产价值，故已查封的26套房屋并未明显超标的额。对于是否应当解除九龙公司银行基本账户的冻结，该院认为，应将基本账户中款项划扣至法院，并解除对基本账户的冻结。一审法院遂裁定：

一、划拨九龙公司在昆山农村商业银行淮阴分行账户存款9.317646万元至法院账户后，解除对九龙公司上述账户的冻结措施；

二、驳回异议人九龙公司的其他异议请求。

九龙公司不服清江浦法院异议裁定，向淮安市中级人民法院申请复议。

淮安市中级人民法院经审理认为：第一，被保全人已对涉案房屋进行了装饰装修，应当考虑装饰装修对房屋价值的影响。第二，被保全房屋价值的测算，应当以保全时房屋的价值为准，一般不应考虑后续财产处置时的价格浮动。第三，清江浦法院保全裁定载明的保全金额为1400万元，被保全人九龙公司提供的房屋备案价、可类比同类型房屋售价及相应房屋装饰装修费用凭证等，可以作为被保全房屋价值的参考，清江浦法院保全的九龙公司房屋的总价值为22102737.16元，已经超过保全金额的50%，属于《最高人民法院关于人民法院办理财产保全案件若干问题的规定》（以下简称《财产保全规定》）第十五条第二款规定的“明显高于保全裁定载明金额”。为平衡保全当事人利益关系，本院酌定被保全财产价值应以不高于保全裁定载明金额的20%为限，超出20%以上的部分属于“明显高于”，应当解除对于相应价值部分的查封措施。二审法院遂裁定：

一、维持淮安市清江浦区人民法院（2019）苏0812执异41号执行裁定第一项；

二、撤销淮安市清江浦区人民法院（2019）苏0812执异41号执行裁定第二项；

三、撤销淮安市清江浦区人民法院2018年7月19日（2018）苏0812民初6843号协助执行通知书对于九龙公司名下九龙国际大厦2004室房屋的查封；

四、撤销淮安市清江浦区人民法院2018年7月26日（2018）苏0812民初6843号协助执行通知书对于九龙公司名下九龙国际大厦817室、917室、1017室、1301室房屋的查封；

五、驳回九龙公司的其他复议请求。

【法官后语】

通说认为，财产保全是指人民法院在诉讼开始后，或者诉讼开始前，为保证日后给付判决的顺利执行，对当事人争议的财产或者与本案有关的财产所依法采取的各项强制性保护措施的总称。作为民事诉讼法的一项基本制度，财产保全在防止当事人逃避执行、破解执行难方面发挥着无可替代的重要作用。但一段时间以来，在财产保全实施过程中，出现了过多控制被保全人财产的不当做法，违背了审慎保全原则，影响了企业的正常生产经营，成为企业主重点反映的问题，不利于法治化、便利化营商环境的建设，应当引起充分重视。本案即超标的保全的典型案例，主要争议焦点为如何准确把握明显超标的保全的认定标准，其中主要涉及对以下几个问题的理解与认定。

（一）明显超标的保全的认定标准

《财产保全规定》第十五条第一款、第二款规定："人民法院应当依据财产保全裁定采取相应的查封、扣押、冻结措施。可供保全的土地、房屋等不动产的整体价值明显高于保全裁定载明金额的，人民法院应当对该不动产的相应价值部分采取查封、扣押、冻结措施，但该不动产在使用上不可分或者分割会严重减损其价值的除外。"理论上讲，人民法院作出的保全裁定所载明的价值额原则上是确定不变的，是执行中的定量。但是，基于现实中财产形态上的客观差异以及财产价值的波动变化，事实上难以做到对保全标的额丝毫不差地精准执行。如果标的物是不可分物，只能将之作为单独个体从整体上进行执行，原则上不宜认定为超标的保全。对于可分物的保全执行，被保全财产价值额原则上应当与保全裁定所载明的保全标的额相当，可以适当高于但是绝不可以"明显高于"，否则构成明显超标的保全，为法律及司法解释所严厉禁止。

对于明显超标的保全的认定标准，现行法律规定及司法解释对此尚未明确具体意见，这一问题给超标的保全异议、复议审查带来一定困扰。为统一法律适用，平衡保全当事人利益关系，笔者认为，被保全财产价值高于保全裁定载明金额20%的，一般可认定为《财产保全规定》第十五条第二款规定的"明显高于"，构成明显超标的保全。此种情况下，除使用上不可分或者分割会严重减损其价值外，人民法院应及时解除超出20%以上部分的保全措施。本案中，清江浦区法院保全裁定载明的保全金额为1400万元，被保全人九龙公司提供的房屋备案价、可类比同类型房屋售价及相应房屋装饰装修费用凭证等，可以作为被保全房屋价值的参考，清江浦法院保全的九龙公司房屋的总价值为22102737.16元，已经超过保全金额的50%，属于明显超标的保全。

（二）测算被保全财产的价值时是否应当考虑添附行为对财产价值的影响

本案中，清江浦法院查封登记在被保全人九龙公司名下的26套房屋时，其中24套房屋已被九龙公司装饰装修并投入使用，并且九龙公司提供了九龙国际大厦装饰装修合同及相应费用凭据等证据材料，作为房屋装修增值的参考。笔者认为，人民法院查封被保全房屋时，涉案房屋已经被保全人进行了装饰装修，相应添附行为已经使房屋产生了增值，在衡量被保全房屋价值时，理当区别于被保全房屋为“裸房”时的情形，适当考虑装饰装修对房屋价值的影响。

（三）衡量被保全财产价值超标的是否需要考虑后续财产处置时的价格浮动

在执行实践中，被执行人财产的最终处置价低于市场价格是一定范围内存在的问题。有观点认为，考虑到执行处置财产价格一般较低，在财产保全中应当适当放宽保全超标的的认定标准，以免财产处置价值不能满足债权人的权利请求。笔者认为此种观点不妥，原因在于：第一，诉讼保全不同于生效文书执行中的查封、扣押、冻结措施，财产保全时，申请保全人的相应请求能否得到法律支持尚不确定；第二，保全担保财产的价值一般不高于保全裁定载明的金额，如果过分超标的，在造成被保全人损失时，有担保财产难以弥补损失之虞；第三，被保全财产尤其是房产将来的价值波动存在不确定因素，实务中房屋溢价成交的情况并非少见，不应当只考虑一种情形；第四，如果考虑后期财产处置时的降价情形，将为大量超标的保全行为找到“合理”解释，保全标的的范围将有失控的风险。因此，被保全财产价值的测算，应当以保全时财产的价值为准，一般不应考虑后期可能存在的价值波动。

司法实践中，财产保全不是简单、机械地对被保全人的财产实施查封、扣押、冻结措施，而是一个较为复杂、需要利益衡量的问题。在持续优化法治营商环境和推动高质量发展的大背景下，人民法院在财产保全中应当强化善意文明执行理念，结合案件实际和保全标的具体情况，灵活审慎地采取保全措施，努力确保保全范围适当、价值相当，最大限度地减少对被保全人权益的影响，以实现法律效果与社会效果的有机统一。

编写人：江苏省淮安市中级人民法院　解思辛　庞海涛

十、追加被执行人

42

名为项目重组实为公司分立可追加受让资产的公司为被执行人

——富群公司与杨某平、泰璟公司执行复议案

【案件基本信息】

1. 裁判书字号

重庆市第三中级人民法院（2019）渝03执复33号执行裁定书

2. 案由：执行复议纠纷

3. 当事人

复议申请人（被执行人）：富群公司

申请人（申请执行人）：杨某平

被执行人：泰璟公司

【基本案情】

泰璟公司成立于2010年2月11日，2014年4月11日发生股东登记变更，股东为刘1、张某军、贺某生，法定代表人为刘1；2014年10月20日，变更为刘1、杨某、刘2，法定代表人为杨某。富群公司成立于2014年4月17日，股东为刘某群、马某武。

2012年4月，泰璟公司经受让开发建设安康市汉滨区恒口镇恒月花园保障性住房D区项目（以下简称恒月花园项目）。泰璟公司在开发过程中，将该项目的部分开发手续转移至富群公司名下。

2015 年 2 月 16 日，泰璟公司与富群公司签订《项目重组（转让）协议书》，约定：泰璟公司将正在开发建设的恒月花园项目转让给富群公司，由富群公司继续进行房地产开发；富群公司受让的标的物除已经建成的建筑物（约 3.3 万平方米）及附属设施设备外，还有泰璟公司为开发项目对外所签订的建设工程施工合同、勘察设计合同、工程物资采购合同等合同的权利，销售合同、会员卡、认筹卡等合同的权利义务，以及泰璟公司的全部财务资料；转让后，项目部的工程师、会计、项目副总全部留用，工资、奖金按原泰璟公司的标准执行。

富群公司接收恒月花园项目的对价为：(1) 土地出让金 626 万元；(2) 泰璟公司债权人杨某平等人的债务及项目拖欠的民工工资、材料费等欠款，债务本金共计 4142.65 万元；(3) 泰璟公司应分得的项目利润；(4) 项目发起人刘 1 应获得的收益。

2015 年 4 月 9 日，泰璟公司法定代表人杨某代表公司与富群公司签订《补充协议》，双方确定项目转让费为 3900 万元，债务总额为 2762.45 万元，并确定债权人杨某平等人债权仍留在泰璟公司。《补充协议》与《项目重组（转让）协议书》相比，转让对价（含债务总额）大幅下降。

2015 年 6 月 4 日，陕西省安康市汉滨区人民法院作出（2015）汉滨民初字第 01024 号民事调解书，确认：泰璟公司与富群公司签订的《项目重组（转让）协议书》合法有效，双方继续履行。

2016 年 12 月 15 日，重庆市涪陵区人民法院判决泰璟公司归还杨某平借款本金 300 万元及利息等。后因泰璟公司无财产可供执行，杨某平申请追加富群公司为被执行人。2019 年 5 月 8 日，该院作出（2019）渝 0102 执异 60 号执行裁定书，裁定追加富群公司为被执行人。

【案件焦点】

泰璟公司与富群公司签订的《项目重组（转让）协议书》及《补充协议》是否实质上构成公司分立，追加富群公司为被执行人是否有事实和法律依据。

【法院裁判要旨】

重庆市涪陵区人民法院经审理认为：富群公司与泰璟公司签订《项目重组（转让）协议书》时，接受了泰璟公司移交的杨某平的债权，后签订《补充协议》时却将杨某平的债权排除在外，仅选择性地接受泰璟公司部分债务。上述情形导致泰璟公司无财产承担还款责任，侵害了杨某平作为债权人的合法权益。后泰璟公司也未能与杨某平就债务清偿达成书面协议。泰璟公司将其所有的恒月花园项目工程转让给富群公司应视为泰璟公司法人的分立行为，应当追加接受恒月花园项目的富群公司为被执行人。依照《中华人民共和国民事诉讼法》第一百五十四条第一款第十一项、《最高人民法院关于民事执行中变更、追加当事人若干问题的规定》第十二条、第三十条之规定，裁定：追加富群公司为被执行人，对被执行人泰璟房公司应归还杨某平的借款本息承担连带清偿责任。

富群公司不服该异议裁定，向重庆市第三中级人民法院申请复议。

重庆市第三中级人民法院经审理认为，泰璟公司与富群公司的交易行为与公司分立的法律后果完全一致，应认定为公司分立，并可以追加富群公司为被执行人。理由如下：公司财产是对公司全部债务的一般担保，公司以其全部财产对公司的全部债务承担责任。泰璟公司将公司全部经营资产、项目开发资格、部分债务、部分工作人员转移到富群公司，导致其责任财产完全丧失，其行为后果与公司分立的法律后果完全相同，应认定为公司分立。泰璟公司在决定与富群公司合并分立后，仅仅实际进行了财产分割，未依法编制资产负债表及财产清单，未通知所有债权人以及在报纸上公告，也未依法到工商行政管理部门办理公司分立登记手续，属于未依照法定程序分立。根据《最高人民法院关于人民法院执行工作若干问题的规定（试行）》（2008年）第七十九条规定，本案可以追加富群公司为被执行人。人民法院生效法律文书已经确定由富群公司承接杨某平等人的债务，富群公司没有按照协议约定与杨某平完善债务转移手续或向杨某平清偿债务，泰璟公司怠于申请执行人民法院生效法律文书，根据《最高人民法院关于依法制裁规避执行行为的若干意见》第十二条的规定，人民法院有权直接执行富群公司。

综上，依照《中华人民共和国民事诉讼法》第二百二十五条、《最高人民法院关于人民法院办理执行异议和复议案件若干问题的规定》第二十三条第一款第一项规定，裁定如下：

驳回富群公司的复议申请，维持重庆市涪陵区人民法院（2019）渝0102执异60号执行裁定书。

【法官后语】

司法实践中，当事人滥用公司有限责任、通过各种方式转移财产逃避债务而规避执行的情况时有发生。为精准打击逃避债务、规避执行的非法行为，人民法院应对具有涉嫌欺诈和损害债权人合法权益的交易行为的性质，进行与交易实质相符的重新认定。此案处理的重点在于对公司合并和分立的理解。笔者认为，对此应当严格审查以下几个方面：

1. 是否正当交易的资产处置行为。一般来说，企业正常进行资产重组时采取资产转让、转投资或是分立的方式，应当尊重企业自己在交易安排中的定性。资产转让和转投资，企业能够获得合理对价，原资产不会明显减少，而是以股权或其他财产权的形式继续存在。本案中，泰璟公司将公司全部经营资产、项目开发资格、部分债务、部分工作人员转移到富群公司，导致其责任财产完全丧失，其行为后果与公司分立的法律后果完全相同，应认定为公司分立。认定公司是否分立的一个重要标准即公司之间的资产转让是否连同负债共同转让。

2. 是否符合公司分立的法定程序。《中华人民共和国公司法》第一百七十五条规定，公司分立，应当编制资产负债表及财产清单。公司应当自作出分立决议之日起十日内通知债权人，并于三十日内在报纸上公告。泰璟公司与富群公司签订的《项目重组（转让）协议书》仅仅实际对财产分割，既未依法编制资产负债表、财产清单，未通知所有债权人以及在报纸上公告，也未依法到工商行政管理部门办理公司分立登记手续，属于未依照法定程序分立。而根据《最高人民法院关于人民法院执行若干问题的规定（试行）》（2008 年）第七十九条的规定，被执行人按法定程序分立为两个或多个具有法人资格的企业，分立后存续的企业按照分立协议确定的比例承担债务；不符合法定程序分立的，裁定由分立后存续的企业按照其从被执行企业分得的资产占原企业总资产的比例对申请执行人承担责任。因此，本案中富群公司应当对泰璟公司的债权人承担还款责任，并可将其追加为被执行人。

3. 是否侵害其他债权人的合法权益。对于被执行人已经生效法律文书确认的债权，执行法院可以书面通知被执行人在限期内向有管辖权的人民法院申请执行该生效法律文书。限期届满被执行人仍怠于申请执行的，执行法院可以依法强制执行该到期债权。本案中，依据《项目重组（转让）协议》，泰璟公司全体股东均能收回全部投资并获利，但《补充协议》不仅将《项目重组（转让）协议》约定的生效条件全部去掉，还将项目转让价款大幅降至3900万元的严重亏损价，以至于泰璟公司和该公司股东均不能收回全部投资并获利。泰璟公司、富群公司对非正常的降价行为不能做出合理解释。因此，《补充协议》涉嫌泰璟公司部分股东与富群公司恶意串通逃避债务，损害泰璟公司债权人及泰璟公司其他股东的利益。在泰璟公司怠于申请执行汉滨区人民法院生效民事调解书时，执行法院可以依法强制执行该到期债权。

4. 追加被执行人是否严格遵循法定原则。在执行程序中变更追加被执行人，必须符合法律及司法解释的规定，严格遵循法定原则。目前，在执行程序中直接变更和追加案外人为被执行人的法律和司法解释有：《中华人民共和国民事诉讼法》第二百三十二条、《最高人民法院关于适用〈中华人民共和国民事诉讼法〉的解释》第四百七十二条至第四百七十五条、《最高人民法院关于民事执行中变更、追加当事人若干问题的规定》等。而《关于依法制裁规避执行行为的若干意见》第二十条则是强调了，在符合上述法律和司法解释规定的情形下可以依法变更和追加被执行人。对此，人民法院在执行实践中应注意区分。

编写人：重庆市第三中级人民法院　李能文

43

未依法清算注销公司属于规避执行，法院可以追加股东为被执行人

——合生公司申请追加被执行人案

【案件基本信息】

1. 裁判书字号

北京市顺义区人民法院（2019）京0113执异232号执行裁定书

2. 事由：申请追加被执行人

3. 当事人

申请执行人：合生公司

被申请执行人：百瑞公司（已注销）

第三人：许某、杨某、蒋某坤

【基本案情】

合生公司诉百瑞公司建设工程合同纠纷一案中，北京市顺义区人民法院于2018年12月26日作出（2018）京0113民初31030号民事判决书，判决百瑞公司返还合生公司工程款二十六万余元并赔偿利息损失二万四千余元，该判决于2019年1月11日生效。百瑞公司企业类型为有限责任公司（自然人投资或控股），股东为许某、杨某、蒋某坤。2019年1月11日，百瑞公司召开股东会，决议：（1）全体股东一致确认清算报告内容。（2）全体股东一致确认注销本公司。（3）注销后的未尽事宜由全体股东承担。清算报告显示：债权债务已清理完毕；各项税款、职工工资已经结清；已于2018年10月12日在《北京晚报》报纸上发布注销公告。2019年1月11日，百瑞公司被准予注销。合生公司以许某、杨某、蒋某坤在知悉合生公司为百瑞公司的债权人的情况下，违反法律规定，未通知债权人便将公司注销，且清算报告与事实不符，许某、杨某、蒋某坤作为股东应对公司债务承担连带清偿责任为由，提出执行异议，要求追加许某、杨某、蒋某坤为被执行人。

【案件焦点】

1. 公司在判决生效后、被申请执行前，不履行清算通知义务的注销行为，能否认定为规避执行；2. 公司注销的股东会决议内容能否构成第三人清偿债务的书面承诺。

【法院裁判要旨】

北京市顺义区人民法院经审理认为：《最高人民法院关于适用〈中华人民共和国公司法〉若干问题的规定（二）》第十一条规定："公司清算时，清算组应当按照公司法第一百八十五条的规定，将公司解散清算事宜书面通知全体已知债权人，并根据公司规模和营业地域范围在全国或者公司注册登记地省级有影响的报纸上进行公告。清算组未按照前款规定履行通知和公告义务，导致债权人未及时申报债权而未获清偿，债权人主张清算组成员对因此造成的损失承担赔偿责任的，人民法院应依法予以支持。"《最高人民法院关于民事执行中变更、追加当事人若干问题的规定》(2016年)第二十三条规定:“作为被执行人的法人或者其他组织,未经依法清算即办理注销登记,在登记机关办理注销登记时,第三人书面承诺对被执行人的债务承担清偿责任,申请执行人申请变更、追加该第三人为被执行人,在承诺范围内承担清偿责任的,人民法院应予支持。”

本案中,合生公司与百瑞公司建设工程合同纠纷一案,已经法院公开审理并判决,许某、杨某、蒋某坤作为百瑞公司的股东及清算组成员,理应知道合生公司系百瑞公司的债权人,其应将清算事宜书面通知合生公司,现许某、杨某、蒋某坤未提供证据予以佐证,应承担不利法律后果。本院确认百瑞公司清算过程存在瑕疵。依据其向工商登记机关提交的股东会决议“注销后的未尽事宜由全体股东承担”,许某、杨某、蒋某坤应向合生公司承担清偿责任。北京市顺义区人民法院依照《最高人民法院关于适用〈中华人民共和国公司法〉若干问题的规定(二)》第十一条及《最高人民法院关于民事执行中变更、追加当事人若干问题的规定》第二十三条之规定,裁定如下:

追加许某、杨某、蒋某坤作为执行依据为(2018)京0113民初31030号民事判决书的执行案件的被执行人。

【法官后语】

本案系股东合意注销公司规避执行的典型案例。案件焦点一是对于公司在判决生效后、被申请执行前,不履行清算通知义务的注销行为,能否认定为规避执行;二是股东在股东会决议中“注销后的未尽事宜由全体股东承担”的约定能否构成第三人承诺的债务承担,进而追加股东为被执行人。

1. 关于规避执行的认定。依据《中华人民共和国公司法》第一百八十三条、第一百八十五条,以及《最高人民法院关于适用〈中华人民共和国公司法〉若干问题的规定(二)》第十一条的规定:(1)公司解散应成立清算组;(2)清算组应当自成立之日起十日内通知债权人申报债权;(3)未履行通知义务的,清算组应对债权人承担赔偿责任。

本案原审被告百瑞公司于民事判决生效当日召开股东会,决议注销公司,其主观规避执行意图明显。百瑞公司股东兼清算组成员许某、杨某、蒋某坤不履行法定通知义务,未将公司解散事宜告知债权人合生公司,导致合生公司因未申报债权而无法获得清偿，对债权人权益造成损害，客观上构成不依法清算行为。依据《最高人民法院关于依法制裁规避执行行为的若干意见》第二十条的规定，不依法清算属于规避执行的方式之一，执行法院可以通过依法变更追加被执行人。综上，百瑞公司的注销行为可以认定为规避执行。

2. 关于第三人债务承担的认定。在执行案件中，第三人承诺对被执行人的债务承担清偿责任有以下几种常见形式：(1) 在执行和解协议中承诺对案涉债务承担清偿责任；(2) 在执行笔录中承诺对案涉债务承担清偿责任；(3) 向申请人或执行法院出具独立的担保书，承诺对案涉债务承担清偿责任。百瑞公司股东向市场监督管理局登记部门提交的股东会决议与常见的第三人承诺形式存在差异，如承诺对象并非针对申请执行人或执行法院，承诺内容未直接明确地指向案涉债务。

对于承诺内容未直接明确地指向案涉债务的问题。本案中，股东会决议“注销后的未尽事宜由全体股东承担”，其中“未尽事宜”应涵括公司存续期间产生且注销后尚未清偿完毕的债务。

对于承诺对象并非针对申请执行人或执行法院的问题。第三人承诺的债务承担可以分为免责的债务承担和并存的债务承担。前者指免除原债务人的清偿责任，由第三人成为新的债务人；后者指原债务人不脱离债务关系，第三人加入债的关系成为共同债务人。二者的成立要件有所区别。在并存的债务承担中，债权人的同意并非第三人承诺生效的必需要件。本案中，股东会决议“注销后的未尽事宜由全体股东承担”系对包括未清偿债务在内的未尽事宜作出的单方负担承诺，属于并存的债务承担。鉴于百瑞公司股东规避执行的主观恶意明显，且对清算程序瑕疵存在过错，对其先前作出承诺行为的认定不宜过于严苛，故即使该承诺并非针对申请执行人及执行法院作出，也不影响债务承担承诺的成立和生效。

综上，北京市顺义区人民法院确认百瑞公司股东会决议内容构成第三人对被执行人的债务承担清偿责任的承诺，裁定追加百瑞公司股东为被执行人。本案在确认公司股东规避执行的基础上，适当放宽对第三人承诺的认定，依法追加公司股东为被执行人，让规避执行者无处遁形，有效维护了执行权威，切实保护债权人合法权益，具有典型的普法意义。

编写人：北京市顺义区人民法院　杨洪涛　李昱

44

执行中债务加入与执行担保的认定标准与区分

——坤盛保理公司申请追加宏圣鼎阳公司为被执行人案

【案件基本信息】

1. 裁判书字号

北京市第一中级人民法院（2019）京01执异112号执行裁定书

2. 事由：申请追加被执行人

3. 当事人

申请追加人：坤盛保理公司

被申请追加人：宏圣鼎阳公司

被执行人：中新能业公司、中健祥公司、华科光辉公司、李某林、石某卿、石某峰、郗某红、黄某凤、钟某锋

【基本案情】

2017年10月26日，坤盛保理公司与中新能业公司签订了《保理合同（有追索权保理）》，中新能业公司将其拥有的相关应收账款转让给坤盛保理公司作为商业保理融资，保理融资额度是人民币50000000元，保理服务期限1年，坤盛保理公司对中新能业公司具有追索权。同日，中健祥公司、华科光辉公司、李某林、石某峰、郗某红、石某卿、黄某凤、钟某锋为坤盛保理公司对中新能业公司的追索权提供无限连带责任担保，分别向坤盛保理公司出具了《第三方无限连带责任保证书》。2017年11月1日，北京市方圆公证处作出（2017）京方圆内经证字第69577、69578、69579、69580、69581、69582、69583、69584、69585号公证书，赋予上述《保理合同（有追索权保理）》、《第三方无限连带责任保证书》强制执行效力。

2018年9月18日，北京市方圆公证处出具（2018）京方圆执字第0262号执行证书：（1）被执行人：中新能业公司、中健祥公司、华科光辉公司、李某林、石某

峰、郗某红、石某卿、黄某凤、钟某锋。(2)执行标的:①保理预付款本金人民币5000万元;②违约金,按照未付保理预付款本金为基数,年利率24%计算,自2018年8月12日计算至实际履行之日;③出具执行证书的公证费1万元。(3)申请执行期限:根据《中华人民共和国民事诉讼法》第二百三十九条的规定,申请执行的期间为二年。申请执行时效的中止、中断,适用法律有关诉讼时效中止、中断的规定。前款规定的期间,从法律文书规定的履行期间的最后一日起计算;法律文书规定分期履行的,从规定的每次履行期间最后一日起计算;法律文书未规定履行期间的,从法律文书生效之日起计算。因中新能业公司、中健祥公司、华科光辉公司、李某林、石某峰、郗某红、石某卿、黄某凤、钟某锋未履行法律文书确定的义务,坤盛保理公司向本院申请强制执行,本院于2018年9月25日立案执行。

2018年10月17日,中新能业公司、中健祥公司、华科光辉公司、李某林、石某峰、郗某红、石某卿、黄某凤、钟某锋(乙方)与坤盛保理公司(甲方)达成《执行和解协议》,主要内容:(1)乙方同意承担(2018)京01执918号案件的执行费117500元,同意承担实现债权的费用1万元,以上费用由乙方直接支付给甲方;甲方同意在和解的前提下给予乙方一定程度的优惠减免,放弃(2018)京方圆执字第0262号《执行证书》确定的违约金。具体还款金额及还款期限的计算方式如下:以5000万元为基数按照15%/年(或0.042%/日)的标准自2018年10月1日始计算至本协议约定的本息实际还清之日止;还款顺序:按照先清偿实现债权和担保权利的费用,再清偿利息,最后清偿本金的顺序进行清偿。(2)协议签订后三个工作日内,乙方向甲方偿还第一笔还款人民币500万元;宏圣鼎阳公司作为乙方的执行担保人向法院出具《承诺函》,承诺如果乙方不履行或不完全履行《执行和解协议》,则其自愿成为本案被执行人且以全部财产接受法院直接强制执行。(3)甲方向法院递交撤回执行申请书后十个工作日或2018年11月10日前,乙方应向甲方全额履行完毕本《执行和解协议》第一条确定的还本付息义务。乙方全额履行完毕本《执行和解协议》第一条确定的还本付息义务后三个工作日,甲方向法院递交《执行和解协议履行完毕确认函》,确认本《执行和解协议》已履行完毕。乙方全额履行完毕本《执行和解协议》第一条确定的还本付息义务后五个工作日内,甲方协助乙方办理解除账户监管及返还章、证、照、解除股权质押手续等事项。

2018年10月17日,宏圣鼎阳公司向本院作出《承诺函》,主要内容为:如在坤盛保理公司撤回（2018）京01执918号案件的执行申请后，中新能业公司等被执行人不履行《执行和解协议》，无论坤盛保理公司重新申请执行还是申请恢复执行，宏圣鼎阳公司均同意按照坤盛保理公司的请求对宏圣鼎阳公司的全部财产直接强制执行。宏圣鼎阳公司提供执行担保的范围为（2018）京方圆执字第0262号执行证书申请法院强制执行的全部执行标的（扣除已实现部分），担保期限为坤盛保理公司撤回（2018）京01执918号案件的执行申请之日起两年。坤盛保理公司重新申请执行或者申请恢复执行时，法院对宏圣鼎阳公司的财产采取执行措施不以被执行人的财产不足以履行债务为前提，法院可以对宏圣鼎阳公司的全部财产直接强制执行且不需要提前通知宏圣鼎阳公司。

2018年10月19日，本院依据坤盛保理公司提交的撤回执行申请书，作出（2018）京01执918号之二裁定书，裁定北京市方圆公证处（2017）京方圆内经证字第69577、69578、69579、69580、69581、69582、69583、69584、69585号公证书及（2018）京方圆执字第0262号执行证书终结执行。

2019年2月25日，因被执行人未履行上述《执行和解协议》，坤盛保理公司向本院申请追加北京宏圣鼎阳商贸有限公司为本案被执行人。

【案件焦点】

1. 在执行和解过程中第三人宏圣鼎阳公司向法院出具的《承诺函》，属于书面承诺自愿代被执行人履行生效法律文书确定债务的情形，还是为被执行人提供执行担保；2. 能否追加宏圣鼎阳公司为本案被执行人。

【法院裁判要旨】

北京市第一中级人民法院经审理认为：围绕本案争议焦点，分析如下。

（一）宏圣鼎阳公司向法院出具的《承诺函》是否属于执行中第三人承诺代被执行人履行的情形

本院认为，《最高人民法院关于民事执行中变更、追加当事人若干问题的规定》第二十四条规定："执行过程中，第三人向执行法院书面承诺自愿代被执行人履行生效法律文书确定的债务，申请执行人申请变更、追加该第三人为被执行人，在承诺范围内承担责任的，人民法院应予支持。"该法律规定的情形系指第三人自愿作为被执行人之一加入执行程序，对生效法律文书确定的义务承担连带清偿责任。本案中，第三人宏圣鼎阳公司虽然向法院出具的是《承诺函》，但其真实意思表示并非直接加入本案执行程序对中新能业公司等被执行人的债务承担清偿责任，故不属于上述法律规定的情形。

（二）宏圣鼎阳公司向法院出具的《承诺函》是否属于为被执行人提供的执行担保

本院认为，《中华人民共和国民事诉讼法》第二百三十一条规定："在执行中，被执行人向人民法院提供担保，并经申请执行人同意的，人民法院可以决定暂缓执行及暂缓执行的期限。被执行人逾期仍不履行的，人民法院有权执行被执行人的担保财产或者担保人的财产。"《最高人民法院关于执行和解若干问题的规定》第十八条规定："执行和解协议中约定担保条款，且担保人向人民法院承诺在被执行人不履行执行和解协议时自愿接受直接强制执行的，恢复执行原生效法律文书后，人民法院可以依申请执行人申请及担保条款的约定，直接裁定执行担保财产或者保证人的财产。"

执行担保系指保证人经申请执行人同意，向执行法院作出保证，当被执行人不履行生效法律文书确定的义务时，由其代为清偿的行为。执行担保是通过执行担保实现暂缓执行的目的，给被执行人留出足够的时间履行债务，必须得到申请执行人的同意。执行担保应具备以下要件：（1）执行担保人要向执行法院提供担保；（2）执行担保不仅要取得申请执行人同意，还应得到执行法院批准；（3）如果提供财产担保，还应参照物权法、担保法的有关规定办理相应手续。

本案中，从第三人宏圣鼎阳公司向法院出具的《承诺函》，以及各方当事人达成的《执行和解协议》来看，首先，各方当事人约定将和解协议向执行法院提交，其中约定有附条件的担保条款，即向执行法院明确，当约定的保证责任事由即被执行人不履行和解协议时，由宏圣鼎阳公司在约定的担保范围内承担担保责任。同时，和解协议还明确约定如被执行人不履行和解协议，宏圣鼎阳公司自愿成为被执行人且以其全部财产接受法院直接强制执行。故宏圣鼎阳公司作为担保人是以自己的财产向执行法院提供担保。其次，执行法院已经将该和解协议入卷，且已经根据坤盛保理公司的申请解除了被执行人名下的财产查封，实质上暂缓执行被执行人名下的财产。故宏圣鼎阳公司提供的担保已经取得坤盛保理公司的同意，也已经得到执行法院的批准。综上，宏圣鼎阳公司的《承诺函》应属于执行担保。

（三）能否追加宏圣鼎阳公司为本案被执行人

《最高人民法院关于执行担保若干问题的规定》第十一条规定："暂缓执行期限届满后被执行人仍不履行义务，或者暂缓执行期间担保人有转移、隐藏、变卖、毁损担保财产等行为的，人民法院可以依申请执行人的申请恢复执行，并直接裁定执行担保财产或者保证人的财产，不得将担保人变更、追加为被执行人。"

本案中，坤盛保理公司与中新能业公司等被执行人达成的执行和解协议约定，各方当事人将《执行和解协议》《承诺函》向执行法院提交，并向执行法院明确，当约定的保证责任事由出现时，宏圣鼎阳公司需在约定的担保范围内承担担保责任。宏圣鼎阳公司以自己的财产向执行法院提供担保，构成上述规定中的执行担保，应由坤盛保理公司向法院申请恢复执行，直接裁定执行宏圣鼎阳公司的财产，不得将宏圣鼎阳公司追加为被执行人。

【法官后语】

执行中，必须严格按照生效法律文书，执行其确定的应当履行义务的义务人，不得执行第三人的财产。但法律出于减少诉累、及时维护债权人合法权益等价值考量，在执行程序中符合法定条件下允许将第三人追加进来，如出资不足、抽逃出资的股东等，或直接执行第三人财产，如第三人执行担保。其中，执行中的债务加入与第三人执行担保在司法实践中很容易混淆，下面就逐项予以分析，以利于准确适用法律，提高执行效率，助力解决执行难。

（一）执行中债务加入的构成要件及法律后果

在执行过程中，第三人向执行法院书面承诺自愿代被执行人履行生效法律文书确定的债务，是司法实践中常见的第三人自愿偿债的情形，该第三人往往和被执行人关系密切，有的系亲人、朋友，或被执行公司的法定代表人、实际控制人、关联企业等。执行中的第三人自愿偿债，就是民法理论中的债务加入，系指第三人自愿加入债权人与债务人之间既存的债权债务关系中，与原债务人一起向债权人承担债务，同时不免除原债务人履行义务的债务承担方式。执行中债务加入须符合以下五个要件。

1. 时间要件：第三人自愿偿债的承诺必须在执行程序开始后、终结前发生。该承诺必须是在执行过程中，如果在执行开始前发生，债权人须通过诉讼程序予以追加。

2. 形式要件：第三人自愿偿债的承诺必须是书面形式。第三人自愿偿债的行为，涉及第三人的程序及实体权利，为了证实第三人自愿偿债的真实意思表示，需要严格要求该证据要件，仅以口头形式表达的容易引起新的争议。

3. 主体要件：第三人的承诺系自愿行为，意思表示真实。包含两个方面的含义：其一，第三人的意思表示是自愿的，任何个人和组织都不得强迫；其二，第三人的意思表示是真实的，其主观意愿和外在的意思表示是一致的。

4. 客体要件：第三人自愿偿债的承诺必须向执行法院作出，或经过执行法院审查认可。第三人只有向法院作出履行承诺，才能具有公法上效力，即强制执行效力，法院才能据此在执行中对第三人执行。

5. 范围要件：第三人自愿偿债的承诺有其承担责任的范围。法院只能在第三人承诺承担的债务范围内强制执行，不得要求第三人承担超出该范围的债务，不能侵犯第三人的合法权益。

只要符合上述五个要件，在执行程序中，申请执行人向执行裁决部门申请追加该第三人为被执行人，执行裁决部门应裁定予以追加为被执行人。且第三人因书面承诺自愿代被执行人偿还债务而被追加为被执行人后，无正当理由反悔并提出异议的，人民法院不予支持。正当理由指的是第三人因受强迫、欺诈、重大误解而影响意思表示真实的理由，审查中应与民事诉讼中的证明标准相同，需要相应证据支持。

（二）第三人执行担保的构成要件及法律后果

执行担保系指担保人经申请执行人同意，为担保被执行人履行生效法律文书确定的全部或者部分义务，向人民法院提供的担保。执行担保可以由被执行人提供财产担保，也可以由他人提供财产担保或者保证。这里讨论第三人执行担保的情形，须符合以下五个要件。

1. 目的要件：执行担保是通过执行担保实现暂缓执行的目的，给被执行人留出足够的时间履行债务。

2. 期限要件：执行担保要求约定暂缓执行的期限，但最长不得超过一年。执行担保尽管强调尊重执行当事人的意思自治，但为避免执行担保对执行程序的消极影响，尤其防止执行当事人滥用执行担保制度而拖延执行，要求暂缓执行的期限应当与担保书约定一致，但最长不得超过一年。

3. 主体要件：第三人提供执行担保时须在担保书中明确承诺自愿接受强制执行。担保人应当在担保书中明确载明“被执行人于暂缓执行期限届满后仍不履行时担保人自愿接受直接强制执行的承诺”。执行和解协议中若约定担保条款，且担保人向人民法院承诺在被执行人不履行执行和解协议时自愿接受直接强制执行的，恢复执行原生效法律文书后，人民法院可以依申请执行人申请及担保条款的约定，直接裁定执行保证人的财产。

4. 客体要件：执行担保不仅要取得申请执行人同意，还应向执行法院提供担保，得到执行法院批准。

5. 范围要件：其责任范围限于担保财产或保证人的财产，第三人提供财产担保的，应当参照法律有关规定办理相应手续。

暂缓执行期限届满后被执行人仍不履行义务，或者暂缓执行期间担保人有转移、隐藏、变卖、毁损担保财产等行为的，人民法院可以依申请执行人的申请恢复执行，并直接裁定执行担保财产或者保证人的财产，不得将担保人变更、追加为被执行人。在担保法原理中，担保人提供财产担保系就特定财产设定的担保，其责任范围仅限于担保财产，若将提供物保的第三人追加为被执行人，则其担保财产的范围将会及于担保人的全部财产，有悖于担保法原理。

（三）执行中债务加入与第三人执行担保的区别

执行担保与变更、追加被执行人，属于两种不同性质的制度，适用范围亦不同，二者不能混同，有以下五个方面的区别。

1. 性质不同。债务加入中第三人与原债务人承担同一债务；而第三人执行担保承担的债务为从债务，其所担保的债务为主债务。

2. 目的不同。债务加入系第三人自愿加入原先的债权债务关系，增加债务主体和责任财产的范围，更有利于债权人权益的实现，不需要经过债权人同意。执行担保要实现暂缓执行的目的，给被执行人留出足够的时间履行债务。

3. 履行债务顺序不同。债务加入中第三人与原债务人履行债务顺序上没有区别，而执行担保第三人有先诉抗辩权，须首先由债务人承担债务，在其不履行或无财产可供履行的情况下，才执行担保财产或保证人，且受保证期间的保护。

4. 履行债务后是否享有追偿权不同。债务加入第三人是否享有追偿权缺乏法律规定，执行担保人在承担保证责任后无疑可向主债务人追偿。

5. 法律后果不同。符合债务加入的构成要件，执行中自愿偿债的第三人可被追加为被执行人；符合执行担保的构成要件，法院直接裁定执行担保财产或者保证人的财产，但不得追加为被执行人。对追加为被执行人的第三人，未按规定履行生效法律文书确定的义务时，适用法律关于对被执行人可以采取的执行措施，包括罚款、拘留、限制出境，纳入失信被执行人名单，采取限制消费措施等。对提供执行担保的第三人，法院直接执行财产，不得采取上述针对被执行人的执行措施。

在司法实践中，判断是否债务加入还是执行担保，不能简单依据当事人提交的是承诺书还是担保书来判断，必须深入分析其真实的意思表示，如果第三人承担债务的意思表示中有较为明显的保证含义，可以认定为执行担保，否则应认定为债务加入。

本案中，坤盛保理公司与中新能业公司等被执行人达成的执行和解协议约定，各方当事人将《执行和解协议》《承诺函》向执行法院提交，并向执行法院明确，当约定的保证责任事由出现时，宏圣鼎阳公司需在约定的担保范围内承担担保责任。宏圣鼎阳公司以自己的财产向执行法院提供担保，构成上述规定中的执行担保，应由坤盛保理公司向法院申请恢复执行，直接裁定执行宏圣鼎阳公司的财产，不得将宏圣鼎阳公司追加为被执行人。

编写人：北京市第一中级人民法院　范红萍

十一、执行中的其他问题

45

签订信托财产现状分配协议取得信托财产申请执行的认定

——长安信托申请执行中城建集团等案

【案件基本信息】

1. 裁判书字号

北京市第二中级人民法院（2019）京02执异961号执行裁定书

2. 案由：变更申请执行人

3. 当事人

申请人：长春发展银行

申请执行人：长安信托

被执行人：中城建集团、中城建投资公司

【基本案情】

2016年10月26日，焦作中旅银行股份有限公司（以下简称焦作银行）与长安信托签订《长安宁·中城建流动资金》贷款单一资金信托合同（宁单中城16270684号）》（以下简称信托合同）将13亿元信托资金委托给长安信托，用于发放信托贷款。2016年11月，焦作银行与申请人签订两份《焦作银行与长春发展农业商业银行股份有限公司信托受益权转让协议》，将信托合同项下全部信托受益权转让给申请人。申请人成为唯一信托受益人。该受益权转让已通知受托人长安信托，并取得后者出具的《信托受益权变更确认书》。

2016 年 10 月 26 日，长安信托与中城建集团签订《长安宁·中城建流动资金贷款单一信托资金信托》，向中城建集团发放信托贷款。2018 年 12 月 5 日，北京市国立公证处作出（2018）京国立执证字第 19 号执行证书。2019 年 3 月 12 日，北京市第二中级人民法院立案执行该案件，案号为 2019 年京 02 执 350 号。2019 年 7 月 5 日，申请人长春发展银行向我院提出变更其为申请执行人的申请。理由为长春发展银行已经成为涉案信托的唯一受益人，依据信托合同约定，“信托存续期间或信托期限届满需分配信托利益时，若存在全部或者部分非现金形式的信托财产，受托人有权按照项目运行情况，在项目存续期间或信托结束（包括提前结束）需分配信托利益时，向受益人采取现状分配方式，受托人向受益人和债务人送达《非现金形式信托财产现状分配通知书》并交付相关权利证明文件及其他附属文件后即视为信托利益分配完毕，相关权利义务一并转让给受益人，信托终止”。目前，长安信托已按前述条款执行完毕现状分配程序，与申请人于 2019 年 6 月 20 日签订《长安宁·中城建流动资金贷款单一资金信托信托财产现状分配协议》。同时，长安信托分别向申请人、中城建集团、中城建投资公司送达《非现金形式信托财产现状分配通知书》，并将相关权利证明文件及其他附属文件交付申请人。自此，申请人已经取得了信托合同及各份担保合同项下对中城建集团、中城建投资公司的全部债权、担保权利和其他从权利，根据《最高人民法院关于民事执行中变更、追加当事人若干问题的规定》第九条规定，向我院申请将（2019）京 02 执 350 号案件的申请执行人变更为长春发展银行。

【案件焦点】

本案的焦点是信托受托人与受益人签订《信托财产现状分配协议》是否属于债权转让。

【法院裁判要旨】

北京市第二中级人民法院经审理认为，申请人长春发展银行撤回变更申请执行人的申请，系其真实意思表示，不违反法律强制性规定，应予准许。依照《中华人民共和国民事诉讼法》第一百五十四条第一款第十一项规定，裁定如下：

准许长春发展银行撤回变更其为（2019）京 02 执 350 号执行案件申请执行人的申请。

【法官后语】

本案例属于新类型案例。在信托关系中，信托受托人为申请执行人，信托受托人与信托受益人签订信托财产现状分配协议，信托受益人是否有权申请变更其为申请执行人。

《最高人民法院变更、追加当事人若干问题的规定》（以下简称《变更追加规定》）第一条规定，执行过程中，申请执行人或其继承人、权利承受人可以向人民法院申请变更、追加当事人。申请符合法定条件，人民法院应予支持。该条规定确定了变更、追加当事人需要符合法律和司法解释的规定的法定原则。第九条规定，申请执行人将生效法律文书确定的债权依法转让给第三人，且书面认可第三人取得该债权，该第三人申请变更、追加其为申请执行人的，人民法院应予支持。该规定的法理基础是通过继受实体权利义务关系而实现执行名义执行力主观范围的扩张。民事执行实现的是债权人的私权，当事人可以对其进行自由处分。但是第三人在执行程序中通过受让生效法律文书确定的权利而申请变更其为申请执行人，将会导致民事执行当事人的变更，人民法院应当对债权转让进行依法审查。

本案的焦点是信托受托人与受益人签订《信托财产现状分配协议》是否属于债权转让。信托财产具有独立性，信托财产独立于委托人和受托人。《中华人民共和国信托法》（以下简称《信托法》）第十五条规定，信托财产与委托人未设立信托的其他财产相区别。《信托法》第十六条规定，信托财产与属于受托人所有的财产相区别，不得归入受托人的固有财产或者成为固有财产的一部分。因此，受托人对信托财产不享有所有权。信托终止后进行的信托财产分配本质上属于信托终止过程中受益人信托受益权的实现。但关于信托受益权的法律性质，目前我国法律没有明确的界定。依照物权法定的原则以及《信托法》的相关规定，信托受益权既非债权又非物权，而是属于一种依据《信托法》创设的类似股权的特设权利，其性质内容及产生和行使，适用于《信托法》的特殊规定。信托财产经过清算分配后归属于受益人。该分配程序与解散法人经由清算将剩余财产分配给股东的过程较为相似。而受托人与受益人之间并非债权转让的法律关系。在信托财产分配过程中，受托人与受益人之间并无关于债权转让。因此，本案中长安信托公司与长春发展银行所签订的《信托财产现状分配协议》不属于债权转让协议，不符合《变更追加规定》第九条关于债权转让的规定。依据追加变更规定法定原则，受益人以取得信托财产为由向法院申请变更为申请执行人的，不应予以支持。

本案经过与申请人充分的释明，申请人根据案件实际情况撤回了申请。本案涉及信托终止过程中信托财产的转移以及变更追加当事人的债权转让的认定，因此仍具有一定的研究意义。

编写人：北京市第二中级人民法院 詹同 朱涛

46

申请执行时效届满后被执行人同意履行，应视为放弃时效抗辩权

——吕某与孙某离婚纠纷执行异议案

【案件基本信息】

1. 裁判书字号

北京市第三中级人民法院（2019）京03执复88号执行裁定书

2. 案由：执行异议纠纷

3. 当事人

异议人（被执行人）：吕某

申请执行人：孙某

【基本案情】

孙某与吕某离婚纠纷一案，双方经北京市朝阳区人民法院主持达成调解协议，北京市朝阳区人民法院于2014年8月28日作出（2014）朝民初字第21696号予以确认。其中协议第四条约定："被告吕某给付原告孙某八千万元：本调解书作出前被告吕某已给付原告孙某二千九百八十万元；被告吕某于2014年10月31日前给付原告孙某一千五百二十万元；被告吕某于2015年1月31日前给付原告孙某三千五百万元。"2018年4月17日，孙某就该项内容向北京市朝阳区人民法院申请对吕

某强制执行，北京市朝阳区人民法院以（2018）京0105执8716号登记立案。案件执行过程中，北京市朝阳区人民法院于2018年5月16日传唤双方到庭进行询问。谈话中，就本案债务，吕某称“已经偿还3000万，还差2000万”，并表示“我5月底先给300万，8月底再给700万，剩余10月底还清。还是打入孙某个人账户。但是申请人要先把我的限制消费解除，如果我不按时给的话再恢复强制执行”。2018年10月，吕某以孙某申请执行时效届满为由提出异议，请求对该案不予执行，返还扣划款项并解除对其的限制消费措施。

【案件焦点】

申请执行时效届满后，被执行人同意履行的，能否认定为放弃执行时效抗辩权。

【法院裁判要旨】

北京市朝阳区人民法院经审理认为：被执行人以超过申请执行期间为由提出阻止执行的，应当按照执行异议处理。被执行人作出同意履行义务的意思表示后，又以超过申请执行时效为由提出异议的，人民法院不予支持。该案申请执行人申请强制执行的时间距法律文书生效虽已超过两年，但案件执行过程中，被执行人在获知申请执行人已经立案执行之后并未及时提出时效届满的抗辩，而是在执行谈话中明确表示同意履行义务。现被执行人数月之后，又反悔以时效届满为由提出异议，与其先前承诺相悖，亦于法无据，其异议难以支持。

北京市朝阳区人民法院依照《中华人民共和国民事诉讼法》第二百二十五条之规定，裁定如下：

驳回异议人（被执行人）吕某的异议。

吕某不服，向北京第三中级人民法院提起复议，北京第三中级人民法院经审理认为，依据《最高人民法院关于适用〈中华人民共和国民事诉讼法〉的解释》第四百八十三条之规定，申请执行人超过申请执行时效期间向人民法院申请强制执行的，人民法院应予受理。被执行人履行全部或者部分义务后，又以不知道申请执行时效期间届满为由请求执行回转的，人民法院不予支持。本案中，复议申请人吕某在执行过程中作出了同意履行义务的意思表示并向申请执行人履行了部分还款义务，现复议申请人又以申请执行人超过申请执行时效为由提出异议，本院不予支持。朝阳区人民法院裁定认定事实清楚，适用法律正确，结果应予维持。

北京市第三中级人民法院依照《最高人民法院关于人民法院办理执行异议和复议案件若干问题的规定》第二十三条第一款第一项之规定，裁定如下：

驳回复议申请人吕某的复议申请，维持北京市朝阳区人民法院（2019）京0105执异307号执行裁定。

【法官后语】

（一）被执行人吕某在执行中同意履行剩余债务的意思表示并不导致申请执行时效中止、中断

《中华人民共和国民事诉讼法》第二百三十九条规定，申请执行时效的中止、中断，适用法律有关诉讼时效中止、中断的规定。而学理上及立法上，均要求申请执行时效的中止、中断事由发生在时效进行过程中。本案中，孙某申请执行的时间点距调解书确定最后一期债务的履行期限已经超过两年的申请执行时效。吕某系在申请执行时效届满后作出履行剩余债务的意思表示，该行为并不导致申请执行时效的中止、中断。

（二）诉讼时效抗辩权之放弃规则同样适用于申请执行时效

申请执行时效届满后的履行承诺如何定性，需要厘清申请执行时效届满后的效力。以诉讼时效届满后的效力为例，我国立法及学术通说采纳“抗辩权发生主义”。而《最高人民法院关于审理民事案件适用诉讼时效制度若干问题的规定》第十九条及《中华人民共和国民法典》第一百九十二条均确立了“诉讼时效抗辩权之放弃规则”。然而，在《中华人民共和国民事诉讼法》未明确规定的情况下，申请执行时效能否适用诉讼时效的抗辩权放弃规则？

一种观点认为，申请执行时效从1991年《中华人民共和国民事诉讼法》规定的“申请执行期限”演变而来，属于公法上强制执行申请权存续的不变期间，与私法上的诉讼时效（消灭时效）有着本质差别。申请执行时效届满后申请执行权直接消灭，不与被执行人发生关系，更不因被执行人的履行承诺而恢复，故不适用抗辩权发生主义及抗辩权放弃规则。

另一种观点认为，诉讼时效和申请执行时效均是对实体性债权的程序性实现进行时间限制，只不过诉讼时效针对尚不可执行债权，申请执行时效针对可执行债

权。2007年《中华人民共和国民事诉讼法》将申请执行期间更改为申请执行时效，并适用诉讼时效中断、中止的规定，已对执行时效和诉讼时效的同一性进行认可。因此，诉讼时效的抗辩权发生主义和时效抗辩权放弃规则均应适用于申请执行时效。

笔者同意第二种观点，申请执行时效规定的不仅仅是公法上申请执行人与法院之间的关系，也是申请执行人与被执行人之间实体债权的体现。实际上，《最高人民法院关于适用〈中华人民共和国民事诉讼法〉的解释》第四百八十三条已对申请执行时效的抗辩权发生主义进行了肯定，法院不主动审查执行时效，仅当债务人行使时效抗辩权提出异议时，才触动法院时效审查。既然肯定了申请执行时效届满后被执行人抗辩权发生的效力，时效抗辩权作为一项程序性权利，当然可以基于被执行人的自由意志而放弃。

（三）申请执行时效抗辩权之放弃的认定和效力

申请执行时效抗辩权的放弃，属于单方处分行为，要求行为人明确作出放弃时效抗辩权的意思表示。本案中，被执行人吕某在双方执行谈话中，对剩余债务进行承认并作出分期履行的意思表示，且在谈话当时即到达对方，因此吕某对执行时效抗辩权的放弃已经发生效力。该效力于被执行人而言，不得再以该次时效完成为由而拒绝执行；于申请执行人而言，即恢复了强制执行请求力。故本案中，被执行人吕某放弃其执行时效抗辩权后，执行部门依据申请执行人的请求予以执行立案并采取执行措施并无不当。被执行人吕某在放弃时效抗辩权后又主张时效抗辩，其异议请求应予驳回。

编写人：北京市朝阳区人民法院　曹秦云

47

终结执行后并不终止所有执行措施

——周某兵等与杜某友执行异议案

【案件基本信息】

1. 裁判书字号

安徽省铜陵市铜官区人民法院（2019）皖0705执异81号执行裁定书

2. 案由：执行异议纠纷

3. 当事人

异议人：周某兵、齐某梅、周某、天九中联公司

申请执行人：杜某友

【基本案情】

杜某友与周某兵、齐某梅、周某、天九中联公司民间借贷纠纷一案，经安徽省铜陵市铜官区人民法院（以下简称铜官区人民法院）审理后判决周某兵、齐某梅于判决生效后十日内向原告杜某友偿还借款本金150万元，支付利息234000元，并支付自2018年2月8日起按照月利率1.3%计算至本金付清之日止的利息。周某、天九中联公司对此承担连带清偿责任，该案上诉后，二审维持原判。

判决生效后，周某兵等人并未及时履行还款义务，杜某友便向铜官区人民法院申请强制执行。案件进入执行程序后，执行法官依法通过网络查控、线下调查等多种执行措施多方查找被执行人名下财产，并依法扣划各被执行人名下银行账户共计六十余万元。自此，各被执行人名下已无可供执行的财产，执行法官依法终结了本次执行程序。终本前，为督促债务人履行义务，执行法官依法对其采取了限制高消费、列入失信名单等惩戒措施。

2019年1月28日，杜某友申请恢复执行。双方经协商，达成执行和解：六安中诚置业有限责任公司以其所有的六安市御龙湾2栋商铺×号房屋（109.33平方

米）作担保，可拍卖以支付执行款。若无人竞拍将以物抵债给杜某友，该公司还同意将该房附属面积部分一并赠送。后杜某友通过淘宝网司法拍卖网络平台以最高价竞得该房产，当被执行人请求解除强制执行措施时，杜某友表示要待抵押房产备案或过户至其名下后，才可解除对所有被执行人的强制措施。对此，被执行人周某表示赠送部分的事项由他负责处理，申请人表示同意，自此，双方已无其他争议，法院依法终结了该案。案件终结后，异议人周某兵、齐某梅、周某、天九中联公司依旧对案件终结后仍然采取执行措施不服，于2019年11月15日向铜官区人民法院提出书面异议，杜某友对此辩称要包括赠送的面积一并过户后才予以解除。法院受理后，依法组成合议庭进行书面审查，审查后认为本案并未彻底履行完毕，强制措施未解除符合法律规定，便驳回了当事人的异议请求。

【案件焦点】

1. 本案是否已执行完毕；2. 和解协议本身的效力以及达成后强制执行措施是否解除。

【法院裁判要旨】

安徽省铜陵市铜官区人民法院审理后认为：在本案的和解协议中，杜某友已明确表示需要房屋备案或过户至其名下才同意解除已采取的强制执行措施。在后期，该内容并未实现，房屋未过户，因此无论是根据和解协议还是执行依据本身，本案都未实际履行完毕，未彻底履行完毕的案件不能作执行完毕的结案处理，故裁定终结执行合法。和解协议中附属面积的赠送属于双方协商的结果，当事人不能就和解协议要求法院执行，该内容也就不属于本案强制执行的范围，当事人对此有争议可申请恢复原生效法律文书或者就和解协议内容向法院起诉。综之，既然本案未履行完毕，已采取的执行措施即使结案后仍旧可以继续采取，当事人的异议无法成立。

【法官后语】

（一）浅析民事执行和解

民事执行和解是指在民事执行中，申请人与被执行人自行达成和解协议，协商确定如何实现生效法律文书所确定的权利、义务，并因达成和解中止或终结已经开始的民事执行程序。民事执行和解协议的形成在于生效法律文书确定的债权从本质上来说是债权人的一种权利，请求对方为一定行为的权利，而且大部分权益都与流动性较强的财产权益有关，需及时实现、及时流转；加上从判决生效到执行有一定的时间差，在此阶段原执行依据所赖以存在的主客观条件都可能发生各种变化，或者不利于申请人实现债权，或者不利于被执行人财产的保值增值。因此，基于当事人的自我处分权以及实际情况，当事人可达成执行和解，依法变更生效法律文书所确定的权利义务主体、履行标的、履行期限等内容。这样，既尊重当事人自我权益的处分，又防止强制执行的固化，防止执行程序脱离践行民法精神的路径，以程序正义的设计推动实体正义。本案达成执行和解，以加入担保财产的方式促进债权人利益的实现。但是通过本案可以看到和解协议的不足之处在于后期可能因和解协议产生纠纷，和解协议的履行与原先的执行程序如何衔接才能较为彻底地实现当事人权益存在疑问，以及如何将和解协议纳入不同阶段的执行程序从而推动或者终结原先程序，这些都需要根据案件的具体发展进程不断研究加以确定。

（二）不同结案方式的适用

执行案件根据不同的执行情况有不同的结案方式，有终本执行、终结执行、执行完毕等，不同的结案方式影响着该案是否能够重新申请恢复执行，或者是否继续采取执行措施。例如，执行完毕适用于生效法律文书确定的执行内容，经被执行人自动履行、人民法院强制执行，已全部执行完毕，或者是当事人达成执行和解协议，且执行和解协议全部履行完毕才能适用。在本案中，和解协议涉及房产交付，然而，因该房屋系预售房，房产证暂时无法办理，杜某友表示要确保过户至其名下才能对被执行人解除措施，被执行人所承诺的地下室也未交付，和解协议确定的内容未全部履行完毕。根据《最高院关于执行案件立案、结案若干问题的意见》的规定，申请人撤销申请或者是当事人双方达成执行和解协议，申请执行人撤回执行申请的可以以“终结方式”结案，也就是说本案的终结执行符合法律规定。同时，本案在执行过程中对被执行人的限制高消费，以及银行账号冻结、房产查封等执行行为，系为保证生效法律文书确定的权利得以实现，在本案执行完毕以前，被执行人要求予以解除，亦不符合法律规定。至于杜某友所提的和解协议履行的问题，根据法律规定当事人不履行和解协议的，可申请恢复原生效法律文书或者就和解协议向法院提起诉讼，不属于执行异议审理的范畴。

（三）执行措施的威慑力

民事执行权的由来之一在于当代社会不允许当事人使用强制手段实现自力救济，只能申请国家运用强制力帮助实现他们的权益。也因此国家赋予人民法院强制执行的权力，以各种执行措施包括查封、扣押、冻结、限制高消费、纳入失信被执行人名单等措施来督促当事人履行债务。各项措施影响各不相同，有直接针对被执行人财产的，有针对被执行人人身的，还有针对被执行人对其他人享有的债权的，从而能直接、迅速地影响被执行人的生产和生活，加重其失信的成本，督促其履行债务。如何在保障基本人权的同时充分发挥各项执行措施的作用，如何适当、及时以及智慧地采取不同的措施是当代执行需要特别注重的一个方面。

本案中，被执行人与申请人达成和解协议很大一部分原因在于法院采取的执行措施，迫于其压力而主动寻求解决的结果。但是，如果仅仅因为达成执行和解协议就终止执行措施，可能导致被执行人以执行和解拖延甚至规避执行措施的采取，并争取时间转移财产，导致财产失控，并进一步导致被执行人漠视法律的严肃性与权威性。而且一旦终止各项执行措施后案件恢复时，法院就需要重新采取执行措施，既浪费各种司法资源，也影响司法权威与公信力。

当然，在执行和解中，执行措施的采取并不是一成不变的，申请人可以申请解除，法院也可依职权与案件的执行进度变更或者解除执行措施。本案中，当事人达成和解协议中关键的一步是过户与附属面积的赠送并没有履行完毕，申请人不同意解除执行措施。而且该案件已是终本后的再次恢复执行，被执行人缺乏履行原执行依据的能力，作为执行顺利进行的保障以及彰显法律的强制执行力，本案不能贸然解除执行措施，否则可能导致被执行人存有侥幸心理，与担保人串通后不积极履行和解协议，也不履行生效法律文书确定的义务，并借助执行和解不断拖延，漠视法律，在有能力履行债务时依旧不履行。

作为执行异议案例，本案的典型意义在于突出了强制执行措施的作用以及措施采取的及时与适当对于执行案件具有关键作用，这对于其他案例有一定的借鉴意义。同时，本案还涉及执行担保及执行和解，能够揭示执行过程中实现权益的多方面内容与途径，也让社会进一步理解执行的同时突出执行与现实的关联性与灵活性。

编写人：安徽省铜陵市铜官区人民法院　王真菇

图书在版编目（CIP）数据

中国法院2021年度案例．执行案例／国家法官学院，最高人民法院司法案例研究院编．—北京：中国法制出版社，2021.4

ISBN 978-7-5216-1699-6

Ⅰ.①中… Ⅱ.①国…②最… Ⅲ.①案例-汇编-中国 Ⅳ.①D920.5

中国版本图书馆CIP数据核字（2021）第045818号

策划编辑：李小草（lixiaocao2008@sina.cn）
责任编辑：吕静云　　封面设计：温培英　李宁

中国法院2021年度案例．执行案例

ZHONGGUO FAYUAN 2021 NIANDU ANLI. ZHIXING ANLI

编者/国家法官学院，最高人民法院司法案例研究院
经销/新华书店
印刷/三河市紫恒印装有限公司
开本/730毫米×1030毫米　16开　　印张/13.5　字数/180千
版次/2021年4月第1版　　2021年4月第1次印刷

中国法制出版社出版
书号ISBN 978-7-5216-1699-6　　定价：55.00元

北京西单横二条2号
邮政编码100031　　传真：010-66031119
网址：http：//www.zgfzs.com　　**编辑部电话：010-66071862**
市场营销部电话：010-66033393　　**邮购部电话：010-66033288**

（如有印装质量问题，请与本社印务部联系调换。电话：010-66032926）